An Introduction to the Philosophy of Betrand Russell

KHA Saen-Yang

罗素哲学概论

〔法〕 高宣扬——著

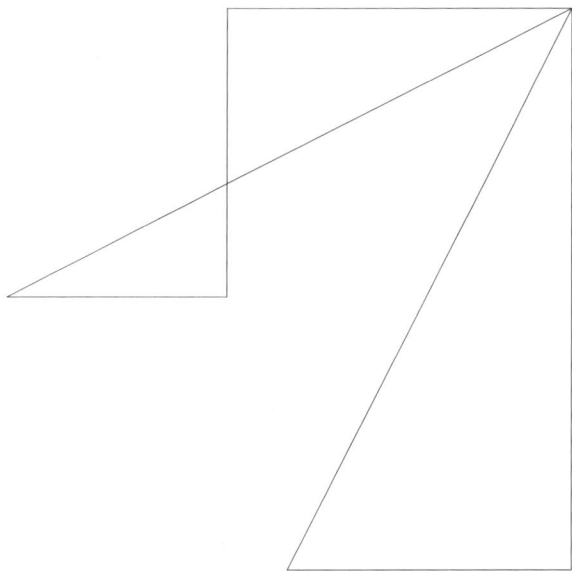

上海交通大学出版社
SHANGHAI JIAO TONG UNIVERSITY PRESS

内容提要

本书以凝练的语言介绍了影响人类思想进程的伟大哲学家伯特兰·罗素的哲学思想与充满激情的生命实践。全书共分六章,依次介绍了罗素哲学思想的形成与发展,逻辑原子论和实在论,罗素的道德哲学、社会哲学、文化哲学以及罗素哲学对整个人类文明的影响。

图书在版编目(CIP)数据

罗素哲学概论 /(法)高宣扬著. —上海:上海交通大学出版社,2018
(高宣扬文集)
ISBN 978 - 7 - 313 - 19278 - 3

Ⅰ.①罗… Ⅱ.①高… Ⅲ.①罗素(Russell,Bertrand 1872 - 1970)—哲学思想—研究 Ⅳ.①B561.54

中国版本图书馆 CIP 数据核字(2018)第 083920 号

罗素哲学概论

著　　者:〔法〕高宣扬
出版发行:上海交通大学出版社　　　地　　址:上海市番禺路 951 号
邮政编码:200030　　　　　　　　　电　　话:021 - 64071208
出 版 人:谈　毅
印　　制:苏州市越洋印刷有限公司　　经　　销:全国新华书店
开　　本:880 mm×1230 mm　1/32　印　　张:7.625
字　　数:175 千字　　　　　　　　　插　　页:4
版　　次:2018 年 6 月第 1 版　　　　 印　　次:2018 年 6 月第 1 次印刷
书　　号:ISBN 978 - 7 - 313 - 19278 - 3/B
定　　价:69.00 元

国家社会科学基金重大项目

"欧洲生命哲学的新发展"(14ZDB018)研究成果

高宣扬教授于牛津大学访学，1982 年

高宣扬教授于牛津大学访学，1982 年

高宣扬教授与洪谦先生合影，1982 年

高宣扬教授于剑桥大学三一学院图书馆，2015 年

高宣扬文集总序

  当我个人生命创建第七十环年轮的时候,我幸运地成为上海交通大学教师队伍的一员,使我的学术生命有获得新生的可能,我的生命也由此获得新的可能性,上演柳暗花明又一村的生命乐曲。所以,我在交大"学者笔谈"上发表题名为"新鲜的交大人"的感言:"历史总是把我们带领到远离故乡的世界尽头,但有时又突然地把我们带回故居和出发点。历史使我们学会了感恩"。其实,生命永远是在自我给予和接受给予的交互往来中延伸,所以,感恩始终伴随着生命自身,构成了生命交响乐的一个重要组成部分,为生命的价值及尊严奠定本体论和伦理基础。

  生命是一部无人指挥的交响乐,自创自演,并在不同的社会遭遇和生活历程中一再地自我协调,演奏出一曲又一曲美丽动听的自然乐曲,弹奏出每个人在社会、文化、历史中的不同命运,演播成充满悲喜交织的无数千变万化的生命故事。

  我的书实际上就是我个人生命历程的自我展现。每一本书从不同角度讲述着不同阶段的生命故事。生命的故事千差万别,归根结底,无非就是生命对自身生长发展的自我关注,都是由生命内在创造力量与周在世界各种因素相遭遇而交错形成的。生命在自我关注的过程中,总是以顽强的意志和万种风情，一方面激励自身在可能性与不可能性之间的悖论困境中脱颖而出进行创造更新，另一方面严肃正视环绕生命的外在客观力量，自然地要对自身的命运进行各种发问，提出质疑，力图寻求生存的最理想的优化状态，从而有可能逐步演变成哲学性的探索，转化为生命的无止境的形而上学的"惊奇"，对生命自身、对世界万物、对历史以及自身的未来前景，进行本体论、认识论、伦理学和美学的反思。

从学习哲学的第一天起，我就牢记古希腊圣贤亚里士多德关于"哲学就是一种好奇"的教诲。从1957年以来近60年的精神陶冶的结果，却使我意识到："好奇"不只是哲学的出发点，而且也是一切生命的生存原初动力。因此，对我来说，生命的哲学和哲学的生命，就是血肉相融地构成的生命流程本身。

生命的反思虽然表达了生命成长的曲折复杂历程，隐含着生命自身既丰富、又细腻的切身感受，但绝不会封闭在个人狭小的世界中，也不应只限于文本结构之中，而是应该置于人类文化创造的生命运动中，特别是把它当成人的生命本身的一个内在构成部分，从生命的内与外、前与后，既从环绕生存的各种外在环境条件的广阔视角，又从生命自身内在深处的微观复杂的精神状态出发，从哲学、人类学、社会学、语言学、符号学、心理学和美学的角度，试图记录一个"流浪的哲学家"在四分之三世纪内接受思想文化洗礼的历程，同时也展现对我教诲不倦的国内外师长们的衷心感恩之情。

最后，我还要向上海交通大学出版社表示感谢，特别要感谢的是刘佩英女士和刘旭先生，他们对本文集的出版给予了最大的支持。

高宣扬

2016 年 4 月 8 日

2018 年新版序

　　尽管罗素(Bertrand Russell，1872—1970)离世已近五十年，但人们永远不会忘记这位英国杰出的哲学家对当代人类文化事业所作出的重要贡献。目前，当人类面对以信息技术为代表的新一轮科技和产业革命的时候，人们越来越清晰地意识到罗素的思想研究成果所具有的重要意义。

　　罗素将近一个世纪的哲学生命，在世界哲学史上写下了光辉的一页，他不仅在 19 世纪末勇于颠覆西方传统形而上学抽象体系，使他成为影响深远的西方分析哲学的创始人之一，而且，他还以杰出的数理逻辑成果将西方逻辑学进一步发展成为推动科学思维前进的有效手段，因而使他成为继亚里士多德(Aristotle，384—322BC)之后最重要的逻辑学家，促使哲学更紧密地与自然科学的发展联系在一起，推动了近一百年来的科学技术革命和知识革命，特别是奠定了现代集合论、人工智能、类型理论以及认知科学的基础。除此之外，罗素还是和平爱好者(Peace Enthusiast)，一生致力于反对各种非正义的战争；他又是优秀的作家，以流畅优美的文字，撰写了大量哲学、文学和社会政治评论，由此而获得了 1950 年诺贝尔文学奖(The Nobel Prize in Literature)。

罗素是中国人民的朋友,他高度评价中国传统思想文化的世界性影响。1920 年,他应邀访问中国,并在国立东南大学发表著名哲学演讲,在中西思想文化交流史上谱写了光辉的一页。

拙著《罗素哲学概论》和《罗素传》于 1978 年分别由香港天地图书公司和南粤出版社初版发行于海内外。此后,两书又在港台各大出版社再版多次,最后由香港三联书店和台湾远流出版社于 20 世纪 90 年代编入由我主编的"人文科学丛书"。

我对罗素哲学的兴趣,源自 20 世纪 50 年代在北京大学哲学系读书时期,洪谦(1909—1992)教授给我们讲授的逻辑实证主义课程及课后的耐心辅导,使我很早就喜欢罗素哲学。洪谦先生还在家中给我讲述许多关于罗素与维特根斯坦(Ludwig Wittgenstein,1889—1951)之间的生动故事,给我留下深刻的印象。在我 1978 年赴欧留学之后,洪谦先生又一再地劝诫我深入学习研究罗素和维特根斯坦的哲学思想。

所以,在法国留学与工作期间,我研究罗素、维特根斯坦以及维也纳学派哲学的兴趣始终没有减弱。20 世纪 80 年代,洪谦先生访问剑桥大学三一学院时,我和家人前去探访,洪先生又一次谈到罗素、维特根斯坦与维也纳学派(Vienna School)的关系,使我受益良多。

我对罗素等人的分析哲学和心灵哲学的研究,使我多次到剑桥大学与牛津大学访问。同时,也把这项研究同对于法国和德国哲学思想的探索结合起来,有意识地以保罗·利科(Paul Ricoeur,1913—2005)、列维-斯特劳斯(Claude Levi-Strauss,1908—2009)和拉康(Jacques Lacan,1901—1981)为榜样,通过数学和逻辑,在科学、技术、文学、社会学、语言学和人类学之间,架起来回反思的桥梁。直至今日,当阿兰·巴迪欧(Alain Badiou,1937—　)强调"数学、哲学、文学的联姻"的重要性的时候，我尤其感恩洪谦先生：正是洪谦先生引导我通过数学和逻辑，在哲学和科学、思想和技术、宗教和艺术之间，一再地发现人类创造思想文化的内在奥秘。

我要感谢上海交通大学出版社社长兼总编辑刘佩英女士及责任编辑刘旭先生对我研究工作的支持，使本书得以简体新版的形式出版，让读者获得重温罗素哲学思想的机会，冷静地思考 21 世纪人类数字科技和全球网络文化日新月异的发展趋势。

高宣扬

2017 年暑假于巴黎

1991 年版序

这本《罗素哲学概论》自十多年前初版于香港以来,连续再版了多次。读者对于本书的爱好,是对笔者的最大鼓励。但是,十多年来,不论是笔者本人对罗素哲学的认识,还是国内外学术界对于罗素哲学的研究,都已经向前跨进了一大步。因此,在远流与天地联合新版发行前夕,笔者特地以严肃的态度,认真地整理了自 1980 年代以来新发表的文献,重新全面地分析研究罗素哲学的各个观点,在全书的各个章节中,增加了许多新的材料,加深了原有的分析,使这本远流天地联合新版的内容和结构,能跟上时代前进的步伐,尽可能地以简练和系统的形式,向读者概述迄今为止对于罗素哲学的研究成果。

本书附录三搜集和精选了许多论述罗素的最新著作和资料,其中特别增加了自 1985 年至 1990 年以来的最新材料。为此,笔者要感谢台湾大学哲学研究所博士班研究生陈洁明小姐,她的热忱帮助,使这一份新资料得以在短期内与读者见面。

高宣扬

1991 年 7 月 3 日

于台北外双溪东吴大学

1987 年版序

　　人文科学,从其拉丁词源 humanitas 开始,就突出了一切与"人性"和"人的文化"有关的学问、认识、道德和行为。因此人文科学很自然地成为人性和人的价值的理论结晶,最能体现人类本性的可贵品质及其无限潜力,成为人类文化及在其中体现的富有进取性和创造性的人类精神的自我表现。虽然,作为一个科学语词,The Humanities 在西方只是从 15 世纪和 16 世纪,为区别于中世纪的神学而才开始被使用,但人文科学的各门学科,作为以人性为基点的各种逻辑认识体系和研究成果,早从古希腊时代起,便已经随着人类文化总体的发展而存在并不断地完善。法国著名哲学家列昂・布伦斯维克(Léon Brunschvicg,1869 - 1944)在其著作《人类经验与物理因果性》(*Expérience humaine et Causalité physique*,1922)一书中说:早在苏格拉底的时代起,人文科学的各种研究就试图引导人类本身正确地置身于具有自我判断意识的自身良心之上(见《人类经验与物理因果性》原版第 576—577 页)。另一位美国哲学家兼专栏作家沃尔特・李普曼(Walter Lippmann,1889—1974)则直截了当地主张用一种基于人性的道德去对抗有神论,显示人在神面前的威力:人不再信仰天上的神或彼岸世界的权威,人必须完全在人类经验之中证实其正义性。因此,人活着,应该坚信自己的职责并不是使自己的意志服从上帝的意志,而是服从关于保证人类幸福的最可靠的知识(Walter Lippmann,*A Preface to Morals*,1929,p. 137)。

人类文化发展的全部历史,证明了人文科学不愧是人的创造精神和人的尊严之最高理论表现。语言学、人类学、神话学、宗教学、历史学、法学、政治学、心理学、精神分析学、哲学、文学、美学、伦理学、经济学、社会学等学科及其不断衍生而又相互融合的分支,构成了人类文化宝库中最直接、最深刻和最奥妙的显示人类灵魂的知识精华的汇聚点。

这就是为什么巴尔扎克(Honoré de Balzac,1799—1850)指出:"对于会读历史的人来说,可以发现有一条令人赞赏的逻辑法则在发展着,在这一逻辑法则中表现了整个人类像一个整体一样活动着,像一个独一无二的精神那样思索着,并步伐整齐地实现其行为"(巴尔扎克:《著作集》,七姐妹文学丛书法文版,第一卷,第394页)。在历史中不断发展和不断丰富的人文科学,不管它有何等繁多的内容,何等不同的学科形式,何等激烈的对立观点和流派,归根到底,都是且也只能是人类精神和人性的概念化和逻辑化,也是人类意志和情感的语言凝结物。

因此,研究人文科学将有助于认识人类本身,认识人类文化的价值,提高人的尊严和道德,振兴和推动社会的发展和进步。

人文科学既然与人类整体紧密联系,它的发展也自然地维系于社会的发展。近二三十年来,由于科学技术的突飞猛进,社会结构的急剧改变,人文科学也产生了新的发展动向。这种动向,在某种意义上,预示着人类及其整个文化的具有深远意义的根本性变化。

1981年召开于法国塞夫勒(Sèvres)的法国人类学代表大会所得出的某些结论,具有一定的典型意义。人类学在其发展史上从来没有像今天这样近似于哲学——在许多情况下，人类学与哲学在研究关于"人"的知识领域时，往往提出几乎类似的理论推理。同样，作为一门人文科学，哲学史也不断丰富着在历史运动中的人类学。人类学与哲学的相互渗透，或者说，人类学的哲学化或哲学的人本化，具有更深一层的认识论上的根源。近半个世纪以来在自然科学界的许多新突破，使哲学家哈贝马斯、法国哲学家让-弗朗索瓦·利奥塔（Jean-Francois Lyotard）等向科学本身提出了所谓"合法性"（Legitimation）的问题。在同一个提问题的方向上，哲学家和人文科学家们也相应地提出了人类文化构成的"象征化"或"符号化"（Symbolization）的问题。这种研究趋势表明：人类认识的途径本身正受到前所未有的严格检验。1973 年哈佛大学的杰拉德·霍尔顿（Gerald Holton, 1922—　　）教授发表了两本很有分量的书：《科学的想象》（*The Scientific Imagination*, Cambridge University Press）和《科学思维的论题根源：从开普勒到爱因斯坦》（*Thematic Origins of Scientific Thought: Kepler to Einstein*, Harvard University Press）。在杰拉德·荷尔顿看来，以理性为基础的科学，始终都从"源远流长的哲学"（Philosophia perennis）中汲取最基本的营养。毫不奇怪，那些杰出的科学家们——诸如费耶阿本（Paul Feyerabend, 1924—1994）、托马斯·库恩（Thomas Kuhn, 1922—1996）等人——也亲自深入到哲学认识领域中，提出了震撼人类文化根基的深刻问题。西方文化把与此相联系的问题概括成"科学与文化的现代性"（Modernité）。这一范畴的表现表示了人文科学和整个文化的新纪元的到来。

　　自然科学和技术的发展，不但没有推翻人文科学，反而更进一步地证实了：人文科学并非像经常那样被看作是"不确定的"知识体系，而是像自然科学那样，根植于人类精神本身。毋宁说，作为人的价值在知识大树上结成的果实,人文科学更有理由成为自然科学与整个文化的逻辑基础。

如果说,在古典时期,人们习惯于把人文科学基于历史的发展,因而把历史学看作是整个人文科学的基础,如同数学被传统地看作自然科学的基础那样,在当代的人文科学和自然科学的基础研究中,语言学的突出作用已经不证自明了。一切科学,归根结底,是在语言中展开并证实其"合法性"的。语言是人类文化的基础和创造手段。现代科学技术的发展,突破了语言学研究的许多传统封锁线,使语言研究成为揭示人类精神奥秘的钥匙。打通语言之门,就如同使一位哑巴说话一样,顿时也撬开了思维之窍门,径直沟通了人的内在世界与外在世界的交流。因此,语言学的研究全面地推动了人类学、心理学、社会学、哲学、文学及美学的发展,也在人文科学和自然科学之间搭起沟通的桥梁。于是,在人文科学中,一种所谓"沟通(或传播)科学"(Sciences de la Communication)和"沟通哲学"(Philosophie de la Communication)也应运而生。这类沟通学开辟了新的认识领域,为一切科学和所有的人之间的"对话"提供了可能的前景,也为人文科学的研究走出原有的传统领域。

语言学的研究也向历史学研究提出了挑战。如果说推崇理性的普特南(Hilary Putnam,1926—2016)也承认历史的优先地位的话 Reason, Truth and History,1981);如果说,米歇尔·福柯(Michel Foucault,1926—1984)也注重研究人类性情形态和人的认识体系的历史的话(Les Mots et les Choses, une archéologie des Sciences humaines,1966),那么,语言学的研究就直接地揭示了"历史之赋予存在以形式"的重要作用[见菲利普·阿里耶斯(Philippe Ariés,1914—1984)的著作《面对死亡的人》(L'homme devant la mort)],也同样地揭示了历史作为"叙述"(Narration)之本来面貌。作为科学方法的"叙述"乃是具有"认识论战略地位"的科学知识的基本方法——保罗·利科(Paul Ricoeur，1913—2005)在其最新著作《时间与记述》(*Temps et Récit*)三卷本中就把研究焦点集中在 Récit(记述)之上，显示了历史学本身因现代科学与现代语言学研究的冲击而发生一次"大爆炸"(Big Bang)之复杂情形。

总之，科学技术的新成果，作为人文科学基础的历史学与语言学的新突破，作为直接以"人及其文化"为对象的人类学的深化，以及一系列对人类认识过程产生根本影响的社会因素的出现，促使人文科学自然科学相互对话的过程中，在同社会政治生活既保持联系、又保持本身独立尊严的处境中，向着人类共同体的"宏观结构"(Macrostructure)和人类意识的"微观现象"(Microphénomène)进行更广泛而深入的研究，加固了人文科学在人类文化总体中的特殊地位。

天地图书公司出版的《人文科学丛书》*，当然从形式上来看具有通俗普及的意义，但就基本宗旨而言，乃是人文科学本身在当代社会中进行自我确立的一种尝试。因此，它渴望一切珍爱文化和尊重人的尊严的人士的爱护和支持。愿这知识之花在成千成万的文化爱好者的浇灌下茁壮成长！

高宣扬　谨识
1987 年初冬于巴黎

---

* 高宣扬先生主编的《人文科学丛书》首先由香港天地图书公司出版，1990 年天地图书公司与台湾远流出版公司协议合作，此后所有丛书在台湾进行编辑工作，两地联合出版。

1979 年版序

　　在最近一百年的欧洲哲学史上,大概没有第二个哲学家,能像伯特兰·罗素那样经历这么漫长而曲折、丰富而复杂的生活与思想道路。当罗素在 1872 年出生的时候,他的祖国——英国——是一个所拥有的殖民地比本国大一百多倍的所谓的"日不落帝国",它在煤、铁、布匹等主要工业产品的产量方面都超过了法、德、美三国的总和,它的工业总产值占世界工业总产值的百分之三十二,当时,英国因其商品垄断着世界市场而获得了"世界工场"的称号。可是,当罗素以稳健的步伐迈入他的老年期的时候,英国却早已衰落了,正如丘吉尔(Winston Churchill,1874—1965)首相在 1952 年 7 月的英国议会上所说:"曾经是伟大辉煌而今仍然相当可观的英帝国,以它的威力、尊严、统治地位和权力,竟然不得不担心我们是否能支付每月的开支,这种景象确实悲惨。"到了罗素逝世的 1970 年代,英国的人均国民生产总值退居世界第二十三位,不仅远远落后于美、法、西德,而且也落后于它的前属殖民地——加拿大、澳大利亚和新西兰等国。在罗素所生活的近一个世纪中,整个世界也像英国一样发生了急剧的变化。罗素不仅经历了两次世界大战,亲自看到了世界在政治、经济和社会生活方面的变迁,也观察到了人类在文化、科学技术和哲学思想方面的发展和演化过程。

罗素丰富而复杂的生活经验,在客观上为创立、发展和不断修正自己的哲学体系提供了良好的条件。

但是,使罗素成为一个杰出的哲学家的决定性因素,是他本人能在一生中始终都保持着敏锐的观察力、永不满足的求知欲以及严谨的思维习惯。他的这些优良品质使他能坚持不懈地追求科学的真理,并一步一步地获得成功。罗素自己曾经说过:"打从我童年开始,我的生活中真实的部分一直是为追求两个目标而做的努力。……这两个目标是:追求那些仍在未知世界里但可因探讨而了解的事物,以及为创造更幸福的世界必须做的最善的努力。"① 这两个目标使罗素毕生为建立以科学真理为基础的哲学和以对全人类命运的善意同情为基础的社会政治伦理思想而奋斗。

罗素自己说过:"我们所说的哲学人生观和世界观乃是两种因素的产物,一种是传统的宗教与伦理观念;另一种是可以称之为'科学'的那种研究(就科学这个词的最广泛的意义而言)。至于这两种因素在哲学家的体系中所占的比例如何,则各个哲学家不大相同,但是唯有这两者在某种程度上同时存在,才能构成哲学的特征。"②

罗素的哲学体系正是以上述两种因素构成的。因此,这本书所概述的哲学思想,尽管范围广泛,但都可以归结为上述两大部分。这两大部分在罗素哲学体系中所占的地位和数量比例,由于罗素哲学的不断发展和演变,曾经出现过引人注目的戏剧性变化。

总的来说,随着罗素的生活经验的丰富和他的哲学的逐步成熟,社会政治伦理的因素在其哲学体系中不断地在扩大。在罗素哲学的最初发展阶段,其着重点是要探求一种能够用精确的方法进行证明的所谓"科学的真理"。因此,当他发现数学是一门精确的科学的时候,他就很自然地幻想建立一种以数学证明为基础的崭新的哲学体系。罗素当时说道,他具有一种"追求透彻、精确和鲜明轮廓的热忱,同时也恨透那些含糊、暧昧的观念"③。因此,他曾设法想把数学与科学的精确与可记的方法引导到传统的哲学领域中。所以,在 19 世纪末 20 世纪初,当罗素完成了在剑桥大学的学业迈入成熟的青壮年生活的时候,他首先把主要精力用在这样一种"精确的"哲学的建设事业上。他用了近二十年的时间(从 1895 年到 1913 年左右),耗费了自己在那个时期内的主要精力,创建了逻辑原子论哲学(Philosophy of Logical Atomism)。

但是,第一次世界大战的爆发以及苏联十月社会主义革命的成功给了他一次很沉重的打击,把他从罗曼蒂克的理想主义美梦中唤醒过来。战争的残酷和苏联的现实变革使他终于明白人世间生活中充满着尖锐的矛盾。这是他一生中的转折点。他认识到,作为一个哲学家,不仅要探讨科学的真理,而且还要追求正义和善。他认为正义和善比科学更重要,但它们是无法用科学的方法加以证明的。比如,一个独裁者不能用精确的科学方法论证其独裁之正当性;而主持正义者也同样无法以精确的科学方法论证独裁的不正当性。这就是说,所谓正义和善的问题是科学之外的伦理问题,科学的方法不适用于这个领域。在他看来,伦理问题是关于理智与意志的一般性问题,而真理的问题则属于知识和认识问题,两者既有联系,也有区别。从总体上说,二者的区别多于联系,也就是说,道德、伦理问题与真理问题有联系,但更重要的是它们之间的区别。

罗素越趋于老年,越将更多的时间投身于人类的正义事业。他最后得出了这样的结论:哲学应该为正义事业服务。他认为,任何哲学,不管多么高明,都应该有助于解决实际的社会问题,应该为世人所理解和掌握。如果有一种自称高明的哲学,却为常人所不解,这样的哲学就是毫无意义的。

正因为这样，罗素在研究哲学的同时，从来都不把自己锁在狭小的书房中。他积极地从事社会活动，并在活动中总结出一套又一套有利于增进科学和正义事业的哲学原则。同时，他又用极其生动和朴素的语言撰写通俗读物，力图使社会上较多的普通人了解和掌握他的哲学。

但是，反过来说，罗素也并不认为哲学的所有原则都必须在实际生活中得到实施。他认为，哲学的目标与普通知识和道德学毕竟不同。哲学所要解决的是为人们提供最理想的解决方案。这种方案既为解决实际问题服务，又不可能完全解决实际问题。它解决实际问题的程度取决于创立该哲学体系的哲学家所遵循的原则中究竟包含了多少的真理成分和正义性。罗素自己并不自命其哲学是最高明的，但他认为自己可以毫无愧色地说：自己已经尽一切所能，努力使自己不辜负良心和真理的要求。在这样的原则的指导下，罗素不断地修正自己的哲学原则——改正其错误成分、增添新的正确因素。

也正因为这样，罗素的哲学体系，不论就其内容和成分以及各成分间的比例和结构来说，也不论就其方法而言，都不断地发生变化。有人因此而指责罗素缺乏一贯性，指责罗素缺乏理论原则方面的坚定性。但实际上，提出这种指责的人忽视了这样一个重要的事实：罗素是在追求真理和正义的宗旨下改变自己的哲学原则的。因此，这种改变并不是罗素毫无主见的表现，而恰恰是他的富有创造性和主动性的表现。同时，由于这种改变是罗素根据时局和认识的发展而进行的深思熟虑的结果，所以，这种改变是有严格的逻辑性的，是前后一贯的。如果不从表面看问题，而从实际和内在联系来看，就可以看出，在罗素一生中所经历的各个不同阶段之间，在他的思想发展的不同阶段之间，存在着一条令人信服的和富有生命力的原则，这一原则是罗素哲学的灵魂，这就是他所说的对真理和正义的追求。在这个意义上说,罗素哲学的不同形态是他在追求真理和正义的历程中的不同发展阶段。从罗素本人的主观愿望来说,他的哲学的这些变化是要不断地趋近于真理和正义的目标。当然,从客观上讲,他究竟有没有做到这一点,世人是否承认这一点,是可以进行讨论和鉴别的。不管怎样,罗素是问心无愧的。

罗素自己从不强求别人接受他的哲学。他认为,如果他的哲学原则中的某个成分能在人们追求真理的过程中起着某种酵母作用,或有一定的启示作用,那么他也就感到快慰了。

罗素毕生从事哲学研究,并不单纯是为了个人的幸福或个人的好奇,而是希望整个人类不断地进步,尽可能地避免损失或灾祸。他希望看到人类的明天是沉浸在幸福之中,享受着真理与正义的温暖阳光。罗素说:"人类不经历巨大的灾祸,也许无法获得真正的教训。我希望我们人类将不会如此,我希望人类能从较轻微的痛苦中,获得智慧的启示。但是,不管经过如何崎岖的道路,我深信创造新世界所必需的新智慧终于会为人类所了解。因此,我相信人类历史上最好的时代不是在过去,而是在未来。"④

因此,我们研究或学习罗素的哲学,并不单纯地是为了掌握知识,也不仅是为了记住罗素哲学的某个原则或信条。更重要的,毋宁是为了学习他的那么一股精神——一生如一日地追求真理,勇于修正错误,直到自己认识到无愧于良心为止。

罗素也是青年的朋友。他总是热情奔放地迎接着来访的每一位青年,他孜孜不倦地教诲他周围的儿童和青年。他在剑桥大学三一学院的宿舍,他在北威尔士的寓所,他在旅游各地时的住房,都是青年爱去的地方。他的哲学著作中,有很大的比例是讲给青年听的。他所讲的是青年所关心的各种问题——真理、科学、宗教、政治、道德、性、爱情等。人们说，罗素越到晚年，越接近青年。他所论述的问题常引起青年们热烈的讨论。笔者相信，生活在今天的青年，将会看到：他们所关心的许多问题——从学习到生活和工作的各个领域，都将会在罗素的哲学中得到答案或有益的启示。

由于罗素哲学体系包含着青年们所关心的许多内容，本书将分门别类地概述罗素的真理观、认识论、逻辑思想、伦理、社会观、政治观以及婚姻和爱情观等。同时，为了有助于读者进一步理解罗素的这些思想观点，在论述这些观点时，将尽可能结合罗素在当时当地的生活背景。这是因为，如前所述，罗素的哲学是他的实际生活的总结，离开这些具体条件去研究罗素的哲学，那就等于剔除掉它本身所固有的血和肉，使它变成了干巴巴的教条，从而失去了它的实际意义。

罗素是一位多产的哲学家。他从 1895 年（二十三岁）起，从未停止过写作。他一生连续写作七十五年，共写出一百多本书和上千篇短文。这里不可能完全地介绍他的包罗万象的著作。笔者的意图是要以简略而明白的方式，向青年读者介绍罗素哲学的概貌，提供进一步掌握他的哲学的基本线索。因此，这里只能向读者介绍罗素的最重要的著作的基本内容。笔者相信，这样做是有益处的。

最后，笔者愿意坦率地说：写这本书的过程乃是一个漫长的精神苦修的过程；罗素哲学的丰富性——它几乎接触到人类生活的一切问题——使笔者感到，不论是在本书的起头，还是在结尾，都遇到很大的困难。这里面临着一个怎样恰如其分地选择、概述罗素哲学的问题。在理解和概述罗素哲学的过程中，为了如实地反映出罗素的精神世界的本来面目，笔者始终都牢记罗素所说的这样一句话："记住你的人性，忘记其他的一切！"这是罗素在 20 世纪 60 年代致全世界人民所作的广播讲话时的最后一句话。笔者把这一句话理解成为罗素的整个哲学体系的出发点和归宿点。正是这个指导思想，给笔者很大的鼓舞和启示，终于提笔写这本书，并决心把它写到底。笔者希望，上述指导笔者的那句罗素的话，也同样成为读者理解本书内容的指示灯。

高宣扬

1979 年春于香港

注释

① 罗素：《回忆集》(*Portraits from Memory and Other Essays*)。

② 罗素：《西方哲学史》(*A History of Western Philosophy*)。

③ 同①。

④ 同①。

目　录

第 1 章

罗素哲学思想的
形成和发展

第 1 章

罗素哲学思想的形成和发展

　　罗素的哲学是富有生命力的。这就是说,它有发生和发展的过程。也许有人说,任何一个哲学都有其发生和发展的过程。一般来说,任何哲学体系都是在一定的条件下诞生和成长起来的。但是,有许多哲学家往往自命自己的哲学最完美、最高明,因此,他们一旦完成自己的哲学体系,就自满自足起来,不再发展、不再修正。罗素和哲学史上的其他较为明智的哲学家却不是这样。罗素的哲学是流动的,罗素自己曾形象地把自己的哲学发展过程比作一条河流。这条哲学河流,在其发源地时,是细小的泉眼,它们发端于不同的哲学山岭,然后慢慢地汇集成溪。在它流动的过程中,不断地吸引它所流经的各个地区所提供的丰富养料,迅速地成为一条小河。这就是罗素青年时代的哲学的雏形。小河慢慢汇集成大河,成为湍急的河流奔驰于崎岖山岭之间,它像野马似地咆哮着,横冲直撞寻求出路。这是刚刚形成自己的哲学体系的青年罗素的性格。接着,正如罗素自己所说的那样,经过社会生活的磨炼,罗素终于以坚实的步伐迈入自己的壮年,这就像大河终于在冲破一道又一道山岭的阻碍之后进入一望无际的平原一样,河床宽广了,水流平稳得多了。罗素经历了各种社会斗争的考验之后,就像下游的河水那样缓缓地流着;最后,当罗素进入老年期的时候,他把他的哲学河流中所带来的所有的智慧,都汇入了人类文化的大海。

那么,罗素的哲学究竟经历了几个发展阶段呢? 每个发展阶段又主要从历史上的哪些哲学流派和文化思想吸取营养呢?

第一节 罗素哲学思想的萌芽

罗素的哲学思想的形成是同他的家庭教育以及他本人所受的社会影响分不开的。

罗素于 1872 年生于英国一个具有"贵族自由主义传统"①的贵族家庭里。他的爸爸安伯莱子爵(Viscount Amberley,1842—1876)和妈妈凯特·斯坦利(Kate Stanley,1842—1874,她是斯坦利爵士的女儿)都是自由改革和妇女解放的开明贵族,而且都是英国 19 世纪著名的自由主义思想家约翰·穆勒(John Stuart Mill,1806—1873)的狂热追随者。罗素的祖父约翰·罗素勋爵(Lord John Russell,1792—1878)是英国著名的贝德福德公爵(Duke of Bedford)的第六代,也是英国近代史上富有声望的首相。罗素的祖父又是在 19 世纪 70 年代以前对英国政治起重要影响的自由党的支持者,也是英国自由主义贵族的代言人。

据罗素自己说,他的爸爸和妈妈虽然在他三岁以前都去世了,但他们所崇信的穆勒哲学对他的影响很大。穆勒的自由主义政治观点和经验主义哲学观点,是罗素哲学的来源之一。罗素出生后不久,他的母亲就请穆勒做罗素的教父。从小到大,穆勒的哲学像魔力一样一直萦绕着罗素的思想。

罗素继承了穆勒的经验主义哲学、逻辑和社会政治思想,并把它们同 19 世纪末的科学技术成果结合在一起。变成了罗素自己所创立的独具风格的分析哲学、数理逻辑和社会政治思想。

穆勒的哲学反映了 19 世纪上半叶以前处于"黄金时代"的英国自由资产阶级的思想意识。在他的哲学中,遵循着一条从约翰·洛克(John Locke,1632—1704)开始、中经贝克莱(George Berkeley,1685—1753)、大卫·休谟(David Hume,1711—1776)直到穆勒的父亲詹姆斯·穆勒(James Mill,1773—1836)为止的英国经验主义的传统路线。到了穆勒,经验主义哲学特别强调了人的主观的表象形式在认识过程中的作用,从而把认识局限于对感觉材料的解释和描述(Description)上。下面,我们将会看到,罗素也和穆勒一样,特别重视感觉材料(Sense-data)及人对这些材料的描述。穆勒在他的经验主义哲学的基础上,建成他的整个的"归纳逻辑"体系。他在 1843 年出版的著名著作《演绎和归纳逻辑体系》(*A System of Logic,Ratiocinative and Inductive*)中全面地论证了经验主义的归纳逻辑。罗素后来用数学的新成果改造了穆勒的逻辑,创立了数理逻辑(Mathematical Logic)。

穆勒的人性论的和功利主义的伦理思想也对罗素的社会政治观点和伦理思想起很大的作用。穆勒特别强调每一个个人的独特人性和自由,并主张用实验和功利的效果来检验个人的自由的价值。因此,他非常推崇和他的父亲詹姆斯·穆勒同辈的功利主义哲学家杰雷米·边沁(Jeremy Bentham,1748—1832)的思想。边沁认为,社会生活的基础和道德的最高原则是"效用原则"或者功利主义(utilitarism,来源于拉丁字 utilitas——"效用")。因此,按照这个原则,道德、法权和一切社会关系的基础乃是效用,即带来快乐或防止痛苦的那些事物。这种功利主义是当时英国辉格党(Whig)社会政策的思想基础。穆勒继承了边沁的这些思想,把伦理学的基本原则归结为两点:① 唯有快乐是善;② 一切行动,只有有利于达到快乐的目的,才是正确的;反之,是错误的行为。我们将同样看到,穆勒的这些思想,在罗素的伦理学中有很大的影响。穆勒的乐观主义伦理观是以尊重个人的人性为基础的,所以他说:"在社会生活中,人所具有的属性,仅仅是导源于和归结于个别人的本能规律。"②罗素发挥了穆勒的这些个人主义思想,强调尊重个性解放和个人人权是使每个人得以享受幸福的基础。

罗素在幼年时期,曾接受过两位有极强烈自由主义思想和无神论思想的家庭教师的教育。这两位家庭教师是罗素的父母选定的。但不久以后,罗素完全由他的祖母约翰·罗素夫人严加管教。

罗素的祖母向罗素灌输的是老式的清教徒主义(Puritanism)和现代的自由主义相结合的人生观。罗素的祖母先后请来了两位德国籍和瑞士籍的自由主义人士作罗素的家庭教师,他们向罗素教授各种现代科学知识。除了家庭教师以外,在祖父家里的罗洛叔叔也是罗素幼年时代的热情的启蒙者。他曾经按照圣经的押韵写法,写出一首赞美上帝的颂诗,其中引用了不少科学概念(例如大气压力、原子和以太等),向罗素传授了自然科学知识。

由于罗素年幼失去父母,又没有同龄的儿童与他做伴,他生性孤僻。他的孤独使他有更多的机会进行独立思考,思索各种事物。上述特殊的家庭教育——自由主义、现代科学的启蒙教育等——使他从五岁开始萌芽了独特的思维方式,这种思维方式的特点就是怀疑一切未被证实的事物。

罗素对于传统信仰的怀疑,最早的纪录是在他五岁的时候。那时,有人告诉他地球是圆的,他不立刻接受这种结论。为了检验这个结论是否正确,他独自一个人跑到花园里,开始挖一个洞,为的是想看看是否能贯通到另一半球的澳大利亚。还有一次,有人告诉他:当他睡觉时,天使在他旁边守护着他,他不相信,说道:"我从来没见过她们呀!"当别人告诉他说:天使们是在他眨眼的刹那走开的,他便决定故意闭眼装睡,然后突然张开眼睛,并用手去抓,但结果什么也没有看见,什么也没抓到。

还有一次,也是在罗素五岁时发生的。罗素同他的姑母阿加莎等人到海边去,当他看到海边的蛴反复要脱离岩石却又多次失败时,他大惑不解地问道:"这些蛴会不会思考呢?"阿加莎姑母说:"我不知道。"罗素便说:"那么你就该进一步学习,去了解这个事情。"

这些发端于五岁的儿童的怀疑主义和强烈的求知欲,后来被证明是罗素的哲学思想的胚芽。罗素自己在他的《回忆集》(*Portraits from Memory*)中说,他首先以"智慧"的名义反抗一切传统观念的束缚,不满足于现成的答案,以怀疑的态度追求真理。逐渐地,罗素对家里的科学观念表示不同意。当他一次又一次地向家人提出具有深奥的哲学含义的问题时,他的家人总是不以为然地对他说:"什么是精神? 无关紧要,什么是物质? 无所谓。"(What is mind? No matter. What is matter? Never mind.)罗素说,他从小就养成了一种追求真理的习惯,"我愈是对一件事情感兴趣,便愈想了解有关它的事实与真相,尽管这些事实与真相,可能会使我感到不快……"③

引导人们成为哲学家的主观动机有很多种。例如,在历史上,一个备受压抑的异教徒,无法忍受正统教派的压迫,设法寻求论证其教义合理存在的哲学根据,或寻求驳倒对方的压迫的不合理性的逻辑手段,于是,他们进行了哲学思维。

但是,在罗素看来,在所有那些试图进行哲学思维的动机中,有一种是最令人钦佩的,这就是人们对了解世界的渴望。我们翻阅几千年来的中国和外国的哲学史,许多哲学家往往是出自这一动机促使他们进行哲学思考的。他们在这一动机的推动下,苦思冥想着世界的奥秘,钻研着以往各种各样的文化知识,终于得出一个在他们看来是比较理想的思想体系;在他们的心目中,这些思想体系是揭示世界奥秘的最好指南。我们发现,越是远古,越是处于古代哲学与科学尚未分家的时候,这种追求哲学思想的动机越占优势。

除此以外,鼓动着人们进行哲学思维的另一动机,往往是年轻时存在于人的心灵深处的那种潜在的感性刺激。也就是说,种种由感官得来的诱人的好奇心,可以促使一个善于思索的人追根究底地探索事物的本质或世界的真理。譬如说,罗素举例道,青年人看到了美丽的彩虹,会引导他思索:"彩虹是什么?"当一个年轻人或甚至是一个幼童发出这个问题的时候,他实际是在开始进行哲学思维。一切关于世界本质的问题的提出,都是从这样一些很具体的提问中开始萌芽。如果这个孩子或青年是善于思考的,他就不会满足于一般常人的回答,也不会停留在这个具体问题上,他可能会进一步思索:"为什么雨后的云彩会把太阳光折射出五彩缤纷的彩虹? 为什么不下雨时,天上那么多的云彩不会折射成虹? 为什么太阳光会被分解成七彩? 太阳光的成分是什么? 太阳为什么会发射光? 太阳什么时候开始发光? 整个宇宙和太阳有什么关系? 宇宙是怎样形成的?"等。这一系列逐步升级的、并非牵强的发问是导致哲学思维的最好途径——须知,一切哲学问题所要解决的,恰恰是这种关于世界的本质的探索。但可惜的是,并不是所有的小孩或青年都会这样不停顿地发问和思索。因此,很多小孩和青年对某一个奇异事物的发问和思索,往往会满足于其中的对一个具体问题的了解上,或者发问到一定阶段,就不再思索下去。

罗素幼年时期的提问和思索就是带有永不满足的特点。他善于孤独地、安静地躲在花园的树木底下,思索着有关大自然的问题和社会生活的问题。罗素后来曾经引用过诗人华兹华斯(William Wordsworth, 1770—1850)描写牛顿(Issac Newton, 1643—1727)的一句话说,他从小就喜欢"在思想的奇妙大海中孤独地航行"。

罗素在描述自己为什么走上了哲学家的生涯时说,从童年时代起,有两种问题一直伴随着他的智力的成长,使他一步一步地接近哲学的王国,这就是:一方面要探索家人和一般人所深信不疑的那些宗教教条的根据;另一方面,要探索那些可以称为确实的知识的认识④。

这两个方面的思路,是罗素的家庭教育和社会环境在无形中影响着他的结果。

众所周知,19 世纪下半叶开始,欧洲各国(特别是英国)的生产力有了进一步发展。在社会生产力迅猛发展的推动下,科学技术和各种文化也如百花盛开、竞相争艳。数学、物理学、化学、生物学等科学都发生了突破性的变革。新的科学成果大大地扩大了人类认识世界的眼界,使人类对世界本质的认识进一步加深,科学技术的发展是各种崭新的哲学世界观的温床。

从 19 世纪下半叶开始,在欧洲哲学界中,逐渐地涌现出一批企图把科学成果移植到哲学领域的新哲学流派。但这些哲学派别都受到一定的社会条件的限制,没能真正地创立一个以科学成果为基础的世界观。譬如实证主义(Positivism)和新康德主义(Neo-Kantianism)都试图使自己的哲学建立在精确的科学推理的基础上。但他们都片面地夸大主观的认识能力的作用,以致使科学技术的成果被窒息在主观的认识能力的框框中。差不多同罗素同一时代,德国有一位叫赫尔曼·柯亨(Hermann Cohen, 1842—1918)的哲学家,他是新康德主义马堡(Marburg)学派的创始人之一。从表面看来,他也强调哲学必须建立在精确的科学——数学——的基础上，但他把数学的基本原则归结为主观的、先天的感性形式的产物，彻底否认数学规律的客观来源。

罗素从学会思考的时候起，就感受到自然科学，特别是数学所遵循的原则的普遍有效性。数学的普遍有效性并没有使他盲目地崇信数学的规律，相反地，却引起了他更深入的思索：为什么数学的原则具有普遍性？像"二乘二等于四"的普遍原理，在许多人看来是不容置疑的。但对于罗素来说，当他第一次接受数学的某些原理的时候，首先要发问一个"为什么"。数学越是表现出普遍有效性，他越要探讨它的普遍性的根源。这就表明，19 世纪下半叶人类科学技术的成果已直接地影响着罗素的最初的哲学思想。他发现，数学的精确性和普遍性恰恰是探索世界本质和认识真理的最可靠的出发点。但是，正是由于它要成为真理的出发点，所以就越要弄清数学原理的奥秘。以后，我们将会看到，罗素从幼年时代起开始产生的对数学的精确性的怀疑，乃是他的哲学世界观的出发点。

在罗素的《回忆集》《自传》和《我的哲学发展》以及他的哥哥弗兰克的回忆录中，都讲述过罗素在 11 岁时对欧几里得几何学中的公理的怀疑。当时，弗兰克教罗素学欧几里得几何学。弗兰克在论述了第一条公理后，罗素就要求给予论证。当他知道公理是无法证明时，他马上就很不高兴地说："既然它们是无法证明的，那么，我为什么要首先接受它呢？"他对数学公理的第一次怀疑，成为他进一步深入地研究数学奥秘的推动力。从此，他如饥似渴地研究数学，希望从中找到一种能以精确的方式证明哲学原理的因素。他越研究数学，就越怀疑数学，越觉得数学最有希望成为科学世界观的基础。

除了自然科学的成就以外，英国社会在 19 世纪下半叶的社会结构的变动也促进罗素深入地研究哲学。这一方面的因素，在某种程度上，影响了罗素的社会哲学的内容和原则。在这方面,值得一提的是 19 世纪 80 年代在西欧各国陆续建立起来的社会民主党及其政策。在英国,直到罗素长成为青年时,还没有建立社会民主党。但是,社会民主主义的思想都在英国知识分子中传播开来。与罗素有密切来往的韦伯夫妇——西德尼·韦伯(Sidney Webb, 1859—1947)和贝特丽丝·韦伯(Beatrice Webb, 1858—1943)就是英国的最早的社会民主主义思想的传播者。他们在 19 世纪 80 年代创立的费边社(Fabian Society)是罗素从事社会活动的第一个场所,从那以后,罗素从英国的自由主义贵族立场出发,研究社会主义、工人运动和其他社会问题,使他的社会哲学和伦理观点带有许多同情普通人民的色彩。如前所述,穆勒的哲学对罗素有很大影响,而穆勒也是主张实行"改进"英国社会的自由主义计划的。罗素的思想中的费边主义思想同他的哲学中的穆勒的影响是相协调的。

由于罗素的哲学中包含着以上各个因素,由于罗素哲学产生于那样一种特殊的社会历史环境,又由于罗素本人从小就滋长着怀疑主义的思维习惯,所以,他的世界观,从最初的萌芽形式,就包含着无神论的成分。罗素说,他研究哲学的一个出发点就是要寻找宗教信仰的根源。但他独立思考的结果,答案是否定的。他说,他首先不相信"自由意志"(free will),接着,不相信所谓"不朽"(immortality),最后,不相信"神"(God)⑤。由此可见,从一开始,不信神就成为了罗素的哲学思想的一个不可忽视的出发点。

综上所述,罗素哲学思想在其萌芽过程中,是受到一系列主观方面和客观方面的因素决定的。这些主客观因素包含:① 罗素本人的特殊的思维习惯;② 罗素的家庭所恪守的"贵族自由主义传统";③ 19 世纪末的科学技术新成果;④ 英国和西欧社会在 19 世纪 80 年代后的结构上的变化。

我们将会看到，在罗素以后的哲学思想发展中，这几个因素一直在起作用。这几个因素的内容和比例不断地有所变化，变化的程度则成了罗素哲学发展各阶段的重要标志，诚如罗素自己所说的："根据我所关心的问题和对我有影响的著作的不同情况，可以把我的哲学的发展过程分为不同的阶段。"⑥

第二节　罗素哲学的形成

罗素哲学基本形成的时间是在 19 世纪最后十年和 20 世纪的最初十年。它的形成包含了两个正相反对的过程：一方面，罗素要从传统哲学的束缚下解放出来；另一方面，罗素要创造性地建立自己的新哲学体系。

罗素从 1890 年起升入英国著名的剑桥大学三一学院。他先是专攻数学，从第三年起专攻哲学。当时的英国哲学界，深受德国古典哲学的影响。据罗素说，他一开始学习和研究哲学，就陷入黑格尔（Georg Wilhelm Friedrich Hegel，1770—1831）哲学的圈套，黑格尔的辩证法有很大的迷惑力，强烈地吸引着罗素。

从 19 世纪上半叶开始黑格尔的哲学就已在欧洲大陆占优势。黑格尔死后，他的学派分裂成两派。其中的青年黑格尔左派，后来发展成为马克思主义哲学；另一派则形成了 19 世纪下半叶的新黑格尔主义（Neo-Hegelism）。新黑格尔主义和 19 世纪 70 年代兴起的新康德主义（Neo-Kantianism）一起，把德国古典哲学追求体系化的作风吹遍欧洲各国。在英国，新黑格尔主义以托马斯·格林（Thomas Hill Green，1836—1882）、鲍桑葵（Bernard Basanquet，1848—1923）、赫伯特

(Francis Herbert，1846—1924)和麦克塔格特(John Ellis McTaggart，1866—1925)为代表。格林等人把黑格尔的著作系统地介绍到英国来，并结合英国哲学的传统创建一支在英国各大学和学术界中深有影响的英国式的新黑格尔主义。罗素说：

> 黑格尔认为宇宙是一个密切联合的统一体。事实上，他的宇宙是像胶体那样的东西，只要你碰到它的一部分，整个东西都会垮下去，但是，另一方面，它又不像是胶体物，因为它无法分割成各个部分。根据黑格尔本人的看法，分割成各个部分的外表不过是一种幻觉，唯一的真实是"绝对"——这是他给上帝所取的代名词。在他的哲学中，我一度找到了安慰。当他的哲学被他的一些英国信徒，尤其是麦克塔格特(他是我当时的密友之一)呈献给我时，黑格尔哲学似乎既迷人又有高度的可论证性。⑦

但是，黑格尔哲学的上述体系，很快就遭到罗素的否定。如前所述，罗素从幼年起，就受到英国的经验主义哲学的影响，特别是穆勒哲学的影响，再加上他本人对数学有深厚的感情，他越加觉得黑格尔讲的那一套同他本人所经验到的和数学所证明的不一样。

罗素很生动地描述了他自己从黑格尔哲学反叛的过程。黑格尔哲学给人提供的是一幅关于世界的模糊的(尽管是完整的)图画，就像在英国伦敦的大雾中，我们看到远处那模糊的汽车影子一样。在现实生活中，我们在雾中确实首先看到一辆巴士的模糊的黑影。当巴士向你驶来，你才逐渐察觉出那是一辆载着乘客的车子。但是，在黑格尔看来，你首先看到的模糊的车影，反而比你后来近看的清晰的汽车更正确、更真实。罗素认为，这显然是一种经主观分析而得出的错误认识，罗素说:"他这种观点非常不合我的胃口。"罗素所喜欢的是什么呢? 如前所述,他喜欢那些精确无误的事物,就像最早的希腊哲学家泰勒斯(Thales of Miletus,624—546BC)喜欢那具有鲜明的轮廓的希腊山水一样。

罗素感到惊讶的是黑格尔等人的那种颠倒事实的概念竟然会得到这么多自称是哲学家的人们的崇奉。在他看来,黑格尔的哲学"事实上不过是传统信仰的翻版,里面有不少是在玩弄诡辩的把戏。"⑧

罗素对黑格尔哲学的反叛过程,就是他创立新的哲学体系的过程。他越是怀疑黑格尔哲学的真理价值,越觉得必须使哲学建立在数学的精确论证的基础上。

当罗素放弃德国哲学之际,他同时也吸收了德国数学家和自然哲学家在研究数学原理方面的成果。罗素认为,他们在这方面的成果比哲学方面的成果更大。罗素以极大的兴趣阅读和研究德国数学家魏尔斯特拉斯(Karl Weierstrass,1815—1897)和戴德金(Richard Dedekind)的作品。他们俩把自从莱布尼兹以来一直妨碍着数学基础发展的大量形而上学的屏障都排除掉,使数学更加充满着辩证法的活力。此外,对罗素的新的哲学思想的形成起更大作用的是乔治·康托尔(George Cantor,1845—1918)。康托尔在他的划时代的著作中,把"无穷大"的问题,发展到一个新的高峰,给罗素很大的启发。到了 20 世纪初,正当罗素集中精力探索他的新的哲学体系的时候,另一位德国哲学家弗雷格(Gottlob Frege, 1848—1925)和意大利数学家皮亚诺(Giuseppe Peano,1858—1932)的研究成果直接推动了罗素的新的哲学体系——逻辑原子论哲学(The Philosophy of Logical Atomism)的建成。弗雷格的主要著作《概念性》(*Begriffsschrift*, 1879)、《算术基础》(*Die Grundlagen der Arithmetik*, 1884)和他的两卷本的大部头著作《算术基本原则》(*Die Grund setze der Arithmetik*, 1893;1903),像阳光雨露一样,一下子使罗素清醒过来。罗素在 1897 年完成了他的第一部哲学著作《几何学基础》(*Foundation of Geometry*,1897)之后,接着在 1903 年就写出了《数学原理》(*Principles of Mathematics*)。然后,在 20 世纪的第一个十年内,在弗列格等人的上述著作的影响下,与他的老师怀特海(Alfred North Whitehead,1861—1947)一起写出了《数学原论》(*Principia Mathematica*)。这本书成为他的数理逻辑和逻辑原子论的理论基础。《数学原论》的完成标志着罗素哲学已经基本形成自己的体系。从此,他的声誉不仅传遍英国哲学界,而且,也飘过英伦海峡和大西洋,传遍整个欧洲和美国。

值得一提的是,在罗素的逻辑原子论形成的过程中,罗素的朋友 G. E. 摩尔(George Edward Moore,1873—1958)始终都同罗素有密切的思想联系。

罗素在形成自己的逻辑原子论哲学的同时,同 G. E. 摩尔一样,很重视"分析"(Analysis)在哲学中的功用。所以,人们往往也把罗素的逻辑原子论同摩尔的哲学一起归入"分析哲学"(Analytic Philosophy)的范畴之中。但所谓"分析",主要是指一种哲学研究的方法论。如果从本质上讲,罗素和摩尔的哲学都是要强调:物体世界并不是像康德(Immanuel Kant,1724—1804)和黑格尔(G. W. F. Hegel,1770—1831)所说的那种依赖于主观意识或绝对精神的东西,而是独立于经验而存在。下面,我们将要看到,随着罗素的哲学体系的完成,他进一步论证了在我们之外的物质世界是独立于经验的"实在物"(real being)。也正是在这个意义上说,罗素和摩尔以及在他们之后的布罗德(Charlie Dunbar Broad,1887—1971)所构成的新的哲学流派,被称为"实在论"(realism)。

第三节　罗素哲学的进一步发展

从 1914 年到 1918 年,罗素完全投入到反战的社会活动中。第一次世界大战结束后,罗素以惊人的写作速度完成了《自由之路》(*Roads to Freedom*)。这本书从理论和历史两个方面,探讨了社会主义和自由的问题。接着,他又把精力转向哲学理论方面的研究。罗素自己说过,第一次世界大战时期是他的世界观的一个转折点。在那以前,他把人类理想化,并一厢情愿地认为人类越进步,越能趋向完美的人性,越能过着幸福的生活。但第一次世界大战打破了他的幻梦。他从人类相互残杀中看到了社会丑恶势力,也看到了人类精神世界的空虚和残忍。由此,他决心在研究哲学问题的过程中,不仅要探索科学真理,也要探索诸如社会道德、自由和正义等属于人生哲学和社会哲学方面的问题。从此以后,罗素的哲学研究面向了两个不同的领域:科学和社会。

在完成《数学原论》以后,罗素尽管奔忙于保卫和平的事业,但他仍然在繁忙的社会活动之外,抽空写出《哲学问题》(*The Problems of Philosophy*, 1912)和《我们对于外在世界的认识》(*Our Knowledge of the External World*, 1914)这两部哲学著作。接着,他还利用被监禁在监狱中的短暂时间,写出《数理哲学导论》(*Introduction to Mathematical Philosophy*, 1918)。

罗素自己在谈到他在第一次世界大战后的哲学活动的重点时说,"从此以后,我的思想的注意力转向认识论(Theory of Knowledge)及与此相关的心理学和语言学问题。这是我的哲学兴趣的或多或少的根本性变化。其结果,就我的思想所涉及的问题而言,就产生了三本书:《心之分析》(*Analysis of Mind*, 1921),《意义与真理探究》(*An Inquiry*

into Meaning and Truth，1940）和《人类认识及其范围和界限》
(*Human Knowledge：Its Scope and Limits*，1948）。"⑨

　　罗素在这里是以最概括的语言总结他从第一次世界大战后到 20
世纪 40 年代为止的哲学活动的主要内容。

　　如果要稍微详细一点讲，那么，我们要补充说明一下：

　　（1）第一次世界大战后，罗素全面地探讨了社会问题，以致使
他的哲学研究走出了书斋，在广阔的社会生活中开辟了许多新天
地，其中包括教育［其代表作有《论教育》（*On Education*，1926）；
《教育与社会秩序》（*Education and the Social Order*，1932)］，性与婚
姻［其代表作有《婚姻与道德》（*Marriage and Morals*，1929)］，社会
主义与自由［其代表作有《布尔什维克的实践与理论》（*The Practise
and Theory of Bolshevism*，1820）；《自由与组织，1814—1914》
(*Freedom and Organization* 1814—1914，1934)；《权力：新的社会分
析》（*Power：A New Social Analysis*，1938）；《政权与个人》
(*Authority and the Individual*，1949)；《从道德与政治观点看人类社
会》（*Human Society in Ethics and Politcs*，1954)；《人类有前途吗?》
(*Has Man a Future*，1961)］，伦理学［其代表作有《社会重建原理》
(*Principles of Social Reconstruction*，1916）；《幸福之道》（*The
Conquest of Happiness*，1930)］及宗教［其代表作有《我为什么不是
基督徒?》（*Why I am not a Christian*，1957)；《宗教与科学》
(*Religionand Science*，1935)］等问题。所有这一切，使罗素的哲学从
20 世纪 20 年代起，跨入了一个崭新的阶段，变成为与 20 世纪的社会生
活息息相关的人生哲学和科学哲学的统一体。

　　（2）罗素在完成体系化的基础上，集中解决认识论方面的问题。
他比摩尔更高明，超出了分析哲学的方法论范围，进一步探讨世界的本

质及人的认识的本质。在这方面,使他成为英国分析哲学派别中成果最显著的一个。他在认识论方面的著作,除了上面已经提到的以外,比较重要的有:《物之分析》(*An Analysis of Matter*,1927);《神秘主义与逻辑》(*Mysticism and Logic*,1918);《哲学概论》(*An Outline of Philosophy*,1927);《怀疑主义论文集》(*Sceptical Essays*,1928);《科学观》(*The Scientific Outlook*,1931)。罗素在解决认识论方面,还打破了以往哲学家的传统方法和范围,他把认识论问题同心理学和语言学联系在一起,作出了特殊的贡献。

　　一般认为,到了 20 世纪 20 年代,罗素的哲学思想从逻辑原子论转向中立一元论(Neutral Monism),而作为他的逻辑原子论的重要组成部分的逻辑指称论,也因为受行为主义和实用主义的影响,而转向了信念论。依据这种信念论,罗素会对"真"和"假"下了如下的定义:"每个不只是行动的冲动的信念,都具有一幅图画的性质,再加上'是的'或'不是的'感觉。在我们遇到'是的'感觉的情况下,如果有一件事实对于那幅图画具有一个原型对于一个意象所有的那种相似,那么,它便是'真'的;在遇到'不是的'感觉的情况下,如果没有这样的事实,那么它便是'不真'的;一个不真的信念叫作一个'假'的信念。"⑩显然,罗素关于真理的观念,由于受到他的中立一元论的影响,具有在纯粹经验主义与客观的实在论之间动摇不定的性质。

　　罗素在撰写《意义与真理探究》的时候,就已经发现了纯粹经验主义的不足之处,因此,他所主张的真理的符合论,包含着难以处理好的两个方面的关系,即:一方面,它要求基本命题的真理性依靠它们与某些事件的关系,但另一方面,其他命题的真理性是依靠它们与基本命题的句法关系。这样一来,正如罗素自己所指出的:这种理论"具有两种不容易决定的形式"——在第一种形式中,基本命题必须来自经验,因而不能适当地与经验发生关系的命题既不真也不假;在第二种形式中,基本命题不需要与经验,而只需要与'事实'发生关系,虽然如果它们不跟经验发生关系,就不能知道它们。⑪罗素在转向中立的一元论以后,在保留经验主义的基本原则的基础上,经常强调"事实"的客观性,强调"事实"之独立于语言。

但不管怎样,在罗素的哲学思想中,始终都重视对于语言及其意义的分析,并把这一部分看作是他的哲学体系的基础。因此,即使到了晚年,罗素一直坚持主张语言要有意义,语言必须与它本身之外的事物相关联。罗素说"我一向坚持这样的一个原则,这就是,如果我们能够理解一个语句的含意,构成这个语句的语词必须完全是一些指示我们所亲知的事物的语词或是用这类语词所定义的语词。在我看来,这个原则至今仍然是完全正确的。"⑫

（3）罗素还进一步研究哲学史,在哲学史的研究中发展他的哲学。他写了一部关于他自己的哲学发展史的著作——《我的哲学发展》(*My Philosophical Development*, 1959)。同时,还写了论述西欧哲学发展的著作——《西方哲学史》(*History of Western Philosophy*, 1945)和《西方的智慧》(*Wisdom of the West*, 1959)。在这些哲学史著作中,罗素把哲学看作是与社会生活、人类文化有密切关系的精神财富。他认为,哲学是介乎科学与宗教间的"无人地带",是维系社会文化的不可缺少的纽带。

（4）罗素的哲学是从数学分析中引申出来的,但是,愈是向后发展,它又渐渐地远离纯数学,与人类所面临的物质世界和精神世界相接近。用罗素自己的话来说,这是一个"从毕达哥拉斯退却"(The retreat from Pythagoras)的过程。他说:

　　从 20 世纪初以来,我的哲学发展可以看作是逐渐从毕达哥拉斯退却的过程。毕达哥拉斯学派是与数学有密切联系的一种神秘主义形式。……有一个时候,我也有这种很类似的观点,在数理逻辑的本性中找到某种具有一些重要的感情因素的东西,我因而把它看作是数理逻辑的本质。⑬

　　随着生活经验的丰富,罗素逐渐脱离那种神秘主义的桎梏,越来越同现实生活相结合。所以,他的哲学越走越宽,同时又在扩大中不断深化,最后形成罗素自己的成熟的哲学。因此,概括罗素的整个哲学发展过程,可以这样说:它是以数学原理为起点,走向生活、走向社会,最后又通过人性在非人性的世界(non-human world)中找到归宿的哲学。所谓"非人性的世界",就是无限的宇宙,就是没有神的现实。所以,罗素得出结论说:"非人性的世界是不值得崇拜的。"

————————————————

注释

① 见罗素:《自传》(*Autobiography*)。
② 参见穆勒:《演绎和归纳逻辑体系》。
③ 见罗素:《回忆集》。
④ 见罗素:《我的哲学发展》(*My Philosophical Development*)。
⑤ 同④。
⑥ 同④。
⑦ 同③。
⑧ 同③。
⑨ 同④。
⑩ 罗素:《人类的知识》,商务印书馆,1983 年,第 190 页。
⑪ 罗素:《意义与真理探究》,1951 年,英文版,第 289 页。
⑫ 罗素:《我的哲学发展》,1959 年,英文版,第 240 页。
⑬ 同④。

第 2 章

逻辑原子论和实在论

第 2 章

逻辑原子论和实在论

第一节　逻辑原子论的宗旨

罗素说:"我喜欢确定性的程度,就像人们喜欢宗教信仰那样。"①这就告诉我们,在罗素的一切哲学著作的背后,始终都以追求确定无误的真理作为原动力的,这是罗素哲学的宗旨。

如前所述,在罗素哲学的形成时期,恰恰就是寻求确定无误的真理的愿望,推动着罗素孜孜不倦地研究数学,并以数学为根据,探索整个宇宙的奥秘。

罗素认为,一切称为真理的认识,必须是经过精确地证实了的,反之,只有经过精确地证明了的认识,才有资格归入真理的范畴。很明显,根据这样的认识,不能被证明的宗教教条、形而上学的抽象推论、道德说教等,都不能归入真理的范畴。

比如说,几千年来,基督教的、佛教的、伊斯兰教的或其他宗教的教义,尽管在相当长的时间内被相当多的人所信奉,但由于没有任何科学的证明手段和过程,所以不能被视为真理。

又比如,关于某个政府的政策是否是真理的问题,也是无法证明的。因为赞成或支持这一政策的人们可以举出一系列的理由,说明这一政策的"必要性",但"必要性"并非证据。所谓"必要",无非就是对那些支持它的人们有利。同样地,反对这一政策的人们也可以举出许多理由去说明这一政策的危害性,但他们也同样无法证明他们反对的理由是"真理"。关于社会上人的行为的必要性或不必要性,不属于真理论的范围,而是属于伦理学的范围。在伦理学的范围内,是无法用精确的科学手段进行论证或否定的。

又比如,在自然科学中那些一贯被人们视为"真理"的东西,如果未经精确的手段进行证明,也应该排除在真理的范围之外,或者至少应该首先把它列入怀疑的对象,待人们找到了进行精确论证的手段和过程之后,又确切无疑地将论证过程加以实施,才把它归入真理的王国。

那么,什么是精确的科学证明呢?在回答这个问题时,我们不要忘记前面已经提到过的事情,那就是穆勒等人的经验主义哲学对罗素有很深的影响。在英国的经验主义者看来,只有基于经验的认识才是可靠的。罗素的这一认识,经过同黑格尔的绝对唯心主义的斗争以后,变得更加坚定了。因此,在说明什么是精确的证明以前,必须同时弄清楚罗素是怎样在同黑格尔的否定经验的绝对主义划清界限的过程中确立他的上述真理观的。在这里,我们将会看到,罗素所以强调真理的精确性,就是为了反对传统的哲学思想中所遵循的那些原则。在罗素看来,这些传统的原则企图超越于经验,或者在先天的主观意识中(如康德那样),或者在现实绝对主义的"绝对精神"中(如黑格尔那样)寻求真理。

罗素不同意这种忽视经验的哲学。他说,要避免人类常犯的各种愚昧的见解,并不需要什么天才,只要依据一些简单的原则,就可以使你避免错误;即使不能完全避免,也起码可以免除一些令人可笑的错误。罗素进一步说,要是某一事情是可以借着观察来解决的,那么你最好亲自实地观察一下。亚里士多德(Aristotle,384—322BC)只需请他的夫人把口张开,就可以不致使自己误信女人的牙齿比男人多。如果他不这样做,自以为不看便知道,当然就会导致错误②。

康德和黑格尔等人只凭着形而上学的论证,毫不依据经验,便自诩发现了真理,这就加强了罗素反叛的决心。

1907 年,罗素在剑桥大学亚里士多德学会(the Aristotelian Society)宣读了一篇论文,评述哈罗德·乔基姆(Harold Joachim,1868—1938)所写的一本书《真理的本质》(*The Nature of Truth*)。在这篇论文中,罗素说,黑格尔及其在英国的追随者布列德莱的哲学依据着"内在关系的学说"(the doctrine of internal relations),但这个原则是未经经验证明的。与此相反,罗素所遵循的是叫作"外在关系的学说"(the doctrine of external relations),它是根据数学的精确证明方式,在严格的逻辑推理中得到证明的。

上述无法得到证明的"内在关系学说"认为,"两个相互关联的项表现了两项之间具有完整的性质"。罗素认为,这种被黑格尔主义者看作不可动摇的真理,实际上是荒谬的。罗素举例说:A 爱上 B,能否说,B 也爱上 A 呢? 能否说 A 爱上 B,是 A 与 B 之间的本来固有的、内在的本质关系呢? 显然不能。又比如说,A 是 B 的原因,能否说,A 和 B 是同时存在的、有内在联系的两项呢? 显然,A 既然是 B 的原因,A 就必然在 B 之前。所以,说 A 和 B 是同时存在的、有内在联系的两项是不能成立的。

正因为这样,罗素认为,这种完全依据非经验的推理的原理是不可信的。黑格尔就是以此为基础论证这个或那个事物都是非真实的,唯有他的那个"绝对精神"才是真实的。

与此相反,罗素主张,世界上的事物都具有它本身独特的性质,这些性质并不是像黑格尔说的那样是与别的事物相互依存的。而所有这些相互独立存在的事物的本质,是可以而且也必须通过经验去加以证实。凡是通过经验证明了的真理就是确定的,因而是可信的。

如前所述,罗素曾形象地将黑格尔心目中的世界比作"胶状物",是一种"不可分割"的蜜糖。这种蜜糖似的世界无法用经验去证明,而是依据一种神秘的"内在关系原则"而存在着的。罗素为了把自己心目中的世界与黑格尔的上述胶状物加以区别,曾形象地把世界比作"子弹"。显然,这种"子弹"就是上面所说的那种具有独特本性的"实在",是可以在经验中得到证实的。

罗素在《数学原理》《数学原论》和《数理逻辑导论》所证明的,就是这种可以通过经验证明的和可以独立存在的"子弹"似的世界。我们将会在下面看到,这些相互独立存在的、有外在联系的"子弹",就是罗素所说的"逻辑原子",它是确定不移的,不是像蜜糖那样界限不清的、可以任意流变的。

在罗素看来,数学所证明的就是一个一个的真理。数学不能证明它没有证明过的东西,凡是被它证明了的,就是一个可以随时随地独立存在的真理。这种单个的真理并不是与其他事物有什么神秘的、不可分割的"内在联系"。它同其他事物、其他"逻辑原子"的关系是"外在的关系"。如前所述,这种外在关系并不决定事物本身的本质:恰恰相反,是事物本身的本质决定着它同其他事物之间的关系。

所谓数学所证明的确定性还包含这样的意思:一次数学证明只能证明一个确定的真理。也就是说,通过一次数学证明之后,或者是证明某事是真的,或者是证明其不真实,例如"或者是下雨,或者是不下雨"。答案必须是确定的,凡是模棱两可的答案,例如"又是下雨,又不下雨",

都是非真理。

罗素的《数学原论》就是要通过严格的逻辑证明过程,证实一切纯粹的数学原理,都是导源于纯粹的逻辑命题;而且,一切数学原理所使用的概念,都必须是有严格的逻辑界说。这样,根据上述有严格的、精确的逻辑关系的数学原理所证明的真理也就是精确的了。

这也就是为什么罗素要把近二十年的研究时间投入到《数学原论》的写作上! 须知,这是罗素的整个哲学体系的基础和出发点。

第二节　将数学还原为逻辑

掌握罗素的哲学的关键,就是必须学会将数学的科学原理还原为逻辑。罗素的一大贡献就是完成了数学的逻辑化,创立了数理逻辑。

在罗素以前,也有一些哲学家,如德国的莱布尼兹(Gottfried Wilhelm Leibniz,1646—1716),英国的布尔(Gorge Boole,1815—1864)和美国的皮尔斯(Charles Sanders Peirce,1839—1914)等人,尝试去创立一种新的和更加适合于现代科学发展的逻辑体系,但总的来说,直到罗素那个时代为止,亚里士多德逻辑还一直占据统治地位。

罗素在逻辑上的贡献,首先就是敢于打破这些传统的逻辑体系。他不局限于原有逻辑所据于推理的那种所谓的"主谓形式"(Subject—Predicate Form)。举例来说,亚里士多德逻辑所论述的是这类命题:"所有的希腊人都是会死的","苏格拉底是希腊人,所以苏格拉底是会死的。"罗素认为,上述所谓"主谓形式"并不是像亚里士多德逻辑所说的那么单纯,实际上他也是包含较复杂关系的。上述命题,在罗素看来,倒不如改写成这样的命题:"如果某物是一个希腊人,那么,它就是会死的。"(If anything is a Greek then it is mortal)在这种创造性的精神指导下,罗素在他的数理逻辑中论证了一系列在亚里士多德逻辑中无法表述的逻辑命题。接着,罗素还进一步把某些逻辑命题"公理化"(axiomatise),形成了一套崭新的、具有公理性质的逻辑命题,然后,其他的逻辑命题可以从这些新公理中引申出来。

罗素在《数学原论》中所作出的第二个贡献是用逻辑概念去解说数学概念,例如,用"和"(and)、"或者"(or)、"不是"(not)和"全部"(all)等逻辑概念来规定基数和序数的概念。罗素还进一步证明,从他的逻辑概念体系中可以引申出某些算术公理,然后又以此算术公理为基础,推导出其他的算术原理。完成这一论证,就可以把一切算术命题都还原为逻辑,而把一切算术命题都归结为逻辑,就意味着这些算术和逻辑命题都是确定的、可靠的。

总而言之,我们看到,罗素为了寻求具有精确性的真理,无限地崇奉数学。为了使数学原理普遍化,使它们变成认识真理的基本手段,罗素又将数学进一步提炼,使它逻辑化、哲学化,终于使他得出了一种崭新的逻辑体系——数理逻辑。所以,在罗素看来,数学乃是逻辑的一种表现形式,精确的数学和逻辑乃是人类揭示真理奥秘的钥匙。

第三节 指称论的演变

既然一切真理都是一个个独立存在的"实在",那么,哲学家的基本任务就是要扎扎实实地分析这些由语词表述的基本实在的真理结构,特别分析表现这些原子式的实在的基本命题及其与表述对象的关系。所以,在罗素的早期哲学研究中,研究"原子命题"的指称结构成为最主要的课题。

罗素的指称(或指谓)理论继承了穆勒、梅农(Alexius von

Meinong，1853—1920)和弗雷格等人的观点。

穆勒早在他的《逻辑体系》(*System of Logic*，1843)一书中，就已经较为完整地提出指称论的基本内容。在他看来，要了解语句的意义，必须先了解组成语句的各个词的意义，几乎所有的词，都是名称。因此，每个语句的主词都是名称，如果一个语句的主词是由若干词组成的短语的话，那么这些短语就是"由若干词组成的名称"。有些词，如"是"、"常常"、"不"等不是名称，因此不能作为语句的语法主词，但这些词是用来构成由若干词组成的名称的。它们不是外界事物的名称，而是辅助由若干词组成的名称的。穆勒进一步指出，每一名称，都是代表某种事物的。一个名称所指的事物，便是这个名称的意义，也就是这个词的意义。

穆勒的逻辑学进一步丰富了他的指称论。他的逻辑中的"外延"和"内涵"的概念解答了摹状词短语和有些词的不同意义问题。例如，有很多摹状词短语可以指同一个对象，但具有不同的意义。"英国的首都"和"英国最大的城市"可以指同一个城市，但有不同的意义。所以，词和摹状词短语可以同时具有外延和内涵。就外延而言，它们指示的是具有那个名称的人或物；就内涵而言，它们可以表示某些人或物的特性。由此可见，一个词的意义，包含内涵及外延两层内容。在各种语词中，专有名词只指外延，而没有确定的内涵。

在德国，由布伦塔诺(Franz Brentano，1838—1917)及其学生胡塞尔(Edmund Husserl,1859—1938)和梅农所发展的指称论，也对罗素发生了深刻的影响。梅农的"对象理论"就是从布伦塔诺的意向性概念出发，认为人的思想所意向的任何事物都是"对象"。作为人的思想对象，可以是真实的存在物，也可以是想象中的东西；可以是现实的，也可以是潜在的、可能的，或甚至是不可能的东西。作为思想的对象，它们赋

予了思想以一定的"意义",通过这些对象,表达我们的思想的语词和语
句才赋有"意义"。

与梅农同时代,但对罗素发生更大影响的德国思想家是弗雷格。
弗雷格强调从主词和谓词的关系,去论述概念与对象之间的区别。如
果说,概念是作为谓词来使用的话,那么,与此相反,一个对象的名称,
是不能作为语法上的谓词来使用的。在此基础上,弗雷格强调意义与
指称的区别。弗雷格在《表意文字——摹仿算术语言的纯粹思维形式
语言》(*Begriffsschrift*,*eine der arithmetischen nachgebildete
Formelsprache des reinen Denkens*,Halle,1974)一书中指出,一个命
题,除了名称及其所指示的对象以外,还有第三种因素,即名称的意义。
一个名称之所以能指称它的对象,就是由于具有这种意义。所以,A=
A 和 A=B,这两个简单的命题相比较,后者之所以能比前者提供更多
的知识,是因为后者包含了更多的意义,即在 A 的意义之外,还有 B 的
意义。

弗雷格还强调,各种专名(Proper Noun)所指的对象,就是其指称。
专名应包括专有名词和特定摹状词。专名的指称只能是一个特定的对
象,不能是一个概念或一种关系。不同的人可能对专名的意义作出不
同的理解,但无论如何,对于这个专名的指称,都一定是理解为同一个
对象。所以,在弗雷格看来,与某个指号相对应的是特定的意义,与特
定的意义相对应的是特定的指称,而与一个特定的指称对象相对应的
可能不是只有一个指号。

在吸收穆勒、梅农及弗雷格的指称论的基础上,罗素创立了语法指
称论和逻辑指称论的理论体系。语法指称论是罗素早期的主要思想。
从语法的角度,罗素认为名词、动词和形容词各起不同的作用,但它们
所代表的是一种有别于自身的"项"。"项"可以分为"事物"和"概念"两

大类。事物乃是由专名指示的项,它既可以是现实的存在物,也可以是虚幻的东西。概念则是由形容词和动词指示的项,而形容词指示的项是谓词或类概念,动词指示的项是"关系"。

除了对语词进行研究以外,罗素还探讨了语句的意义。语句的意义是由组成它的各个语词的意义统一组成的,但并不意味着语句的意义是各个语词的意义的简单总和,其中最关键的是把握语句中的动词所表示的特定关系。如果说,在主谓命题逻辑中,专名是命题的主词,形容词是命题所断定的内容,即作为谓词的类,那么,动词就表达了构成命题的关系,与命题的函项相关联。

罗素在《数学原理》一书中说:"所有的词都具有意义,这就是说,它们是一些代表它们自身之外的某些东西的符号。"③所以,在罗素看来,语言总是对应于实在中的非语言的因素。正如罗素在晚年所说:"语言的要点是,它具有意义,即它涉及某种与它自身不同的非语言的东西。"④正因为这样,在罗素看来,由于我们使用了语言,我们在思考和谈论中所言及的任何对象,都是有对象所指的,语言中的名称所表示的意义,是同其所指的对象相符合的。也就是说,只要在我们的语言中使用了名称,那么,它们就一定指向一定的对象,不管这个对象是真实存在的、具体存在的,还是抽象地存在的,甚至也不管它是否是想象出来的存在,例如"飞马"、"龙"等,都是指实际上不存在的、想象出来的对象。罗素的这个观点,是同前述梅农的观点一样的。

但是,在 1905 年所写的《论指谓》等论文中,罗素指出了他自己的上述观点的矛盾性,因此,他对自己的原有观点作了适当的修正。罗素举例道:"圆状的方式并不存在"这个命题,乃是一个有意义的语句,可是,这个命题显然是自相矛盾的。就是在分析和寻求这个矛盾的解决方案的过程中,罗素把专名和摹状词加以区分,提出了他的"摹状词理论"。在他看来,摹状词组并不像专名那样去直接地指称一个对象。摹状词组是通过列举一些属性去间接地描述一个对象,因此它相当于一组谓词。

罗素在进一步分析语句的逻辑结构的过程中,不断地发展他的指称论,提出了新型的逻辑指称论。他在分析日常用语的句法形式时,逐渐发现了日常用语句法结构的不严谨性。在他看来,日常用语的句法只是要求表达者使用语词时所应遵守的语法规则,因此,它所表现的仅仅是一种表面的逻辑结构,对于进一步揭示命题的真正逻辑结构是远远不够的。真正的逻辑命题应该明确地表示其所指的对象事物。

关于命题与事实之间的关系,乃是罗素的逻辑原子论思想的基本内容之一。在他看来,命题与事实的关系,不同于专名与个体的关系。他的逻辑指称论在区分专名与命题同它们的对象的不同关系的基础上,详细地论述了命题与事实的关系,并由此建立他的逻辑原子论的本体论和认识论。

任何本体论的实在是以两种基本方式而存在的:一种是专名与个体的对应关系,另一种是命题与事实的对应关系。如前所述,专名的意义就是它所指的那个对象个体。一个个体必定有而且只能有一个专名,作为它的存在的指称符号。所谓事实指的是某个个体具有某种属性,或者指某些个体具有某些关系。罗素承认,事实的存在是独立于我们对它的想法的,所谓命题则是对某一事实加以肯定或加以否定的陈述句。命题的真假是由事实所决定的。如果说,专名和它的个体对象之间只能有"命名"或"指称"这一种关系的话,那么,命题与事实之间便可以有对或错这两种可能的关系。

为了进一步分析命题与事实的关系,罗素进一步将命题与事实分层次地加以解析。他把命题与事实分成三层:原子命题与原子事实;

分子命题与分子事实；普遍命题与普遍事实。这些思想同他的逻辑指称论一起，构成了他的逻辑原子论的基本内容。

所谓原子命题，只是由一个名称和一个表示属性或表示关系的词所构成，它的功能就是通过这个名称去表示它具有的某种属性或某种关系。作为一个原子命题，必须具备下列三个条件：第一，它具有上述那种形式；第二，它所包含的词通过其与经验事物的关联而获得意义；第三，它所指涉的事物不可能再被分解为其他更简单的事物。

所谓原子事实乃是指某个个体具有某种属性，或者指某些个体具有某种关系。原子事实是最简单的事实，是我们在亲知中最直接获得的知识，是最确定和最清楚的知识。因此，凡是原子事实乃是可以一个个独立存在的事实单位，它是与原子命题相对应的。显然，我们不能从一个原子事实推演出另一个原子事实，因为它的存在是与客观的个体的某种属性或某种关系相关联。

原子命题与原子事实之间是相互对应的：主词（专名）与名称（个体）相对应，形容词与属性相对应，动词与关系相对应。

罗素的上述指称论思想，强调语词及其所指的对象的对应关系，突出对象赋予词以"意义"的地位，实际上，强调了语言与语言之外的事物的联系，并把这个联系看作是语词具有特殊"意义"的基础。

第四节　分析哲学的基本方法

在认识世界的过程中，第一步总是感觉或感性知觉（sense-perception）。在感性知觉阶段，我们所看到的世界，在表面看来是清楚的，比如我们看到一张书桌，看到它的高低、长短、形状、颜色、结构等，我们似乎可以确定无疑地认为，我们所看到的确实是一张书桌。如果一个普通的人,看到这种程度,他也就心满意足了。他并不怀疑自己的感官所提供的知识的真实性,但是,难道这就是真实的认识吗?

当我们仔细地观察我们面前的这张书桌,我们便进一步发现,原来我们认为确定不移的那些属性,其实是不确定的。譬如,我们看到桌子的形状是长方形。如果我从不同的距离、角度去看它,它的形状就会发生变化。在我的知觉中,这张桌子甚至可以从立体形变成为平面形,或从长方形变为三角形——变成不同类型的三角形,或者,也可能从长方形变成菱形、四边形等。它的颜色又依不同的角度、光线的强弱而发生变化。

罗素在 1912 年写的《哲学问题》(*The Problems of Philosophy*)一书中,很生动地说明了这个问题。现实世界是多种多样的,真假不分的,黑白颠倒的。问题不在于世界本身,而在于我们自己是否掌握了真正的科学的哲学。他认为,为了解答世界上究竟有没有一种或一系列关于世界事物的准确认识,我们必须深入地研究哲学。他的哲学就是这样一种认识手段。为了解决这个问题,罗素向我们提供了一整套哲学理论和方法。其中有一个方法是最基本的,这就是"奥卡姆剃刀"(Occam's Razor)。

如上所述,既然我们最先认识的是感性知觉所提供的材料,既然这些材料本身是变化多端,不甚精确的,那么,我们应该怎样透过这些不精确、变化多端的感性材料,找寻事物的真正本质呢?

一切认识都是从经验开始,但是,一切经验本身又不是很切实和精确。

上述所谓"奥卡姆剃刀"就是罗素的分析哲学向我们提供的一个锐利武器——使用它,可以使我们排除感官材料中的一切假的、不精确的、不可靠的因素,剩下那些最必要的、最精确的成分。

罗素说，"只要有可能，逻辑结构（logical constructions）就应该取代推理的事物。"这也就是说，认识的目的，就是把一切事物归结为精确的逻辑结构。所谓逻辑结构就是事物的真相，就是事物的本质，就是排除了一切外在的、干扰性的因素的"实在"本身。所谓认识真理，就是认识事物的逻辑结构。

从我们的感官所提供的材料发展到把握住事物的逻辑结构，必须使用"奥卡姆剃刀"。罗素说："实体如非必要，便可加以放弃。"（entites should not be multiplied unnecessarily）也就是说，在认识事物时，必须尽可能地把一切不必要的因素都排除掉，只留下那些"非有不可"的因素。如果我们认识某一事物后，我们能把其中的某些因素排除掉，而且，在排除这些因素以后，这一事物仍然可以像原有的事物那样存在着，那么，这就说明我们所排除的那些因素确实是属于那种"不必要的因素"。这也就是说，我们在"重建"自己对某一事物的概念时，这一概念必须是最"洁净的"，也就是说，必须排除一切"不必要"的因素。如果排除了那些不必要的因素之后，我们的概念所反映的那个事物，仍然是那个事物，这就说明我们排除得对、净化得对，这种被排除的"不必要"的因素越多，我们犯错误的可能性越小。反之，在我们的概念中保留那些"不必要"的因素越多，我们犯错误的可能性越多。所谓"奥卡姆剃刀"就是这些意思。

现在，我们还是回到前面说的那个书桌。在罗素看来，"奥卡姆剃刀"之所以需要，就是我们的一切认识都是从经验开始，从感性知觉开始，而感性知觉所提供的材料是真假混淆在一起的。

一张书桌，既然从不同的角度看，会使我们得到不同的感觉，那么，我们在认识过程中，就存在一个去伪存真，辨明是非的任务。罗素在《哲学问题》一书中，很具体地说明了这个道理。

在日常生活中，我们所认为确定无疑的那些事物，如果进一步加以分析和研究，就发现其中存在着许多明显的矛盾。譬如，我现在坐在一张椅子上，面对着一张书桌，看书、写字。我转过脸，通过窗户看见外面的楼房、天空、太阳。我知道，太阳距离我们地球有九千三百万英里左右，它是一个比地球大得多的炽热的火球，而由于地球不断地围绕着太阳旋转和地球的自转，太阳每天早晨升起在东方。我相信，任何一个正常人，来到我的房屋里，也会同样看到我所看到的一切，而且，他的感受也和我的上述的感受是相同的。所有这一切，看来都是显而易见的，甚至在很多人看来，是没有必要进一步加以说明，没有必要多费口舌。

但是，在罗素看来，所有这一切都有充分的理由加以怀疑，而且，所有这一切，在我们可以明确地确认它是完全正确之前，都必须进一步给予仔细的讨论和探究。

为了把问题简单化，让我们把讨论集中在上面所说的那张书桌上。如前所述，那张书桌的形状、颜色等，即使在同一个人看来，也会因观察的不同角度、距离以及光线的变化等其他外在因素的变化而变化。这就表明，如果有两个以上的人在同一时刻观察那张书桌，他们中的每一个人，对于那张书桌的桌面形状、颜色、色泽等的感觉都是不一样的。这是因为，在同一时刻里，不可能有两个以上的人，会从同一个角度和同一个位置去观察那张书桌。

所有这些差异，如果从多数人的实用角度来看，并不是很重要的。但是，对于一个画家来说，这些差异是非常重要的。同一个画家，由于取景的位置和角度不同，画出的对象会不一样，他的画也会因取景的角度及画中对象的光线明暗分配情况而产生不同的美术价值。

由此可见，画家并不热衷于学会普通人考虑事物的那种方式，他们的专长的基础恰恰是常人所不惯用的那种认识事物的方式。这也就是说,同样一个对象,在常人和画家的心目中,会产生两种根本不同的映像和表象。

从上述的例子中,我们在实际上开始接触到一个哲学问题——现象与实在(appearance and reality)。我们在下面将进一步深入讲述这一问题,说明"奥卡姆剃刀"的重要性。罗素的分析哲学就是导致我们要正确地使用"奥卡姆剃刀",以便正确地区分现象与实在,并透过现象把握实在的本质。

我们还是回到那张桌子。从上述例子,可以看出,现象和实在是不相同的。我们所说的从不同角度看到的桌子是"现象",而常人心目中的桌子就是真正的实在。显然,表面看到的事物与事物本身有所不同。画家所关心的是事物的表面,是它的现象,或者说就是从外表所看到的那个事物。用简略的方式说,画家所关心的是所谓"好像是……"。与此不同,常人和哲学家所关心的,首先是事物的"什么"。画家提出的问题是:"那个事物好像是什么?"或者"那个事物从表面看来是什么样的?"常人和哲学家所提出的问题是:"那个事物是什么?"当然,哲学家提出上述问题时,比常人所想的,更深刻得多,而且,他们所要求的答案也比常人所要求的困难得多。

就那张书桌而言,显然,我们所看到的无论什么样的颜色,都不能说是属于书桌的最突出的颜色。书桌的颜色,不管是什么样的,都可能成为书桌本身的最主要的颜色或最不重要的颜色。重复地说,桌子的这样或那样的颜色,或者这样或那样的光泽,取决于观察者本身的地位或角度。

为了反复说明这个问题,罗素在《哲学问题》那本书中,不厌其烦地说明书桌的颜色的变化情况。他在做了上述说明后,又说,如果观察者是一个色盲,或者如果观察者是戴有色眼镜的,或者如果观察者是在全暗的房子里看书桌的话,即使在同一角度、由同一个人去看,也会得出完全不同的关于书桌的光泽的表象。

从上面所讲的道理,罗素得出结论说,这些颜色并不是书桌固有的东西;这些颜色是取决于书桌、观察者和光线照射书桌的条件。

在日常生活中,当我们说某一书桌的特定颜色的时候,我们所指的,仅仅是一个正常的观察者在普通的光线条件下以一种普通的眼光所看到的那种颜色。但实际上,上述所说的正常人在普通光线下以普通的眼光所看到的那种颜色,不一定是书桌本身的真正的、实在的颜色。实际情况往往是这样,在另外的条件下所呈现的另外一种颜色,恰恰被看作是书桌的真正颜色。比如,月亮的颜色和光线,就有这种情况:常人所看到的是发亮的球体。但实际上,月亮本身并不发光,而且它所折射的太阳光,并不是常人所看到的那种颜色。

从这里,罗素告诉我们说:为了避免偏见,我们不得不否认书桌本身具有一种特定的颜色。

同样地,书桌表面的木纹也是一样。我们肉眼可以看到书桌的纹理。如果我们用显微镜来看书桌的纹理,我们就会看到粗糙的、高低不平的面,甚至就像一个一个的小山包和山谷。所有这些,用肉眼是无法看到的。试问,究竟哪一种才是"真正的"桌子? 是肉眼看到的那种,还是显微镜下的那种? 也许有人想说,显微镜下的那种样子是更加真实的,但如果用更高倍的显微镜去看,情况又不一样。如果说,我们不能相信肉眼所看到的那种,那么,我们又凭什么理由,可以相信显微镜下的那种呢? 由此可见,我们起初认为可靠的感性知觉,也成为不可靠的了。

关于书桌的形状,情况也好不了多少。我们大家往往习惯于把某种形状看作是某物的"真实的"形状,我们甚至不加思索的就认为自己所看到的那种形状,确实就是某物的实际形状。但实际上,如前所述,当我们从不同距离和角度去观察书桌时,我们所看到的书桌的形状也发生了变化。但是,很多普通人并不同意这些形状上的变化,因为人们的经验是根据习惯上所看到的那种形状来把该书桌的某种形状看作是书桌的"真实的"形状。所以,所谓"真实的"形状在这里无非就是一般人所关心的那种形状。

但是,"真实的"形状并不是我们所看到的那种形状,"真实的"形状毋宁是从我们所看到的形状中推理出来的那种。我们所看到的形状是随我们的运动而变化的。由此可见,再一次说明,感官并没有向我们提供关于书桌的真相或奥秘,而只是向我们提供书桌的现象(the appearance of the table)。

关于触觉,我们也遇到了同样的困难。当然,在一般情况下,书桌给我们的印象是一种坚硬的东西,是可以承受某种压力的。但是,这些感触取决于我们给桌子多少压力,也取决于我们以身体的哪一部分去压它。这就是说,我们所感触到的书桌的硬度,起源于不同的压力,也取决于我们的身体的不同器官,而我们的器官是不能直接地揭示书桌的任何一种属性的。我们的器官只能向我们提供某种信号来表示书桌的某个属性,这些不同的信号就产生了我们的感触。所以,我们所感触到的,并不是书桌本身的属性,而是表示书桌的属性的信号。由我们的手指头传送给大脑的那种"硬"的感觉,不是书桌本身的属性,书桌的属性在书桌上,它永远不可能直接地传到大脑。

如果我们用抹布擦一下桌面,我们也同样会得出类似的结论:我们所使用的抹布的品种以及我们用多少力气去擦桌子,会给我们传来不同的摩擦声。这就是说,关于书桌桌面的摩擦声,不单纯地取决于书桌的桌面本身。

　　总而言之,我们用视觉、触觉、听觉所经验到的同一个桌子的情况,在不同的情况下,是不相同的。这样一来,罗素得出结论说,那个真实的桌子,我们是无法直接地知道它的全部属性的。换句话说,我们只能从我们所直接感觉到的材料推论书桌的情况。我们平时所说的"知道某事",无非就是我们根据日常生活中的多次经验,从我们的许多不同的感觉材料中,推论出来的知识。由此可见,便同时产生两个难题:① 那就是书桌的全部吗? ② 如果真如此,那么,它又是什么类型的对象呢?

　　为了弄清这个问题,就必须使用上述"奥卡姆剃刀",去综合或总结我们的感官所提供的感性材料,把这些材料中的各种次要的成分撇在一边,然后让我们的思路沿着那些最要紧的材料,逐步提高我们的认识。我们要准确地选取那些"应该如此"的材料,使我们在辨别感觉经验时,不至于迷失方向。所谓"应该如此",就是那些最不可缺少的、决定性的、典型的材料。

　　有的时候,我们所得到的材料,表面上很多,但实际上真正最必要的材料,并没有多少,或者说根本就没有。有时候,那些成堆的次要材料挡住我们的视线,使我们无法把握那些"应该如此"的材料,在这个时候,我们就要动用"奥卡姆剃刀",果断地、锐利地排除掉那些非必要的材料。如前所述,所谓"奥卡姆剃刀"就是去掉那些不必要的成分,使材料只剩下最重要的部分。我们要尽可能地把最准确地反映事物本质的材料提炼到最精华的程度。我们排除的不必要成分越多,我们犯错的可能性就越少。

　　罗素曾经说过,如果人们早接受他的分析哲学的上述认识武器,也许,人们就可以减少许多不必要的错误,比如说,如果英国和欧洲的政治家们接受他的分析哲学方法,就可以对世界形势和人们的要求得出正确的认识,也许就不至于会发生两次给人类带来重大灾难的世界大战。

为了把握分析哲学的上述基本方法,罗素对"感觉"(sensation)、"感性材料"(sense-data)、"物理对象"(physical object)等概念,都作了精确的规定,他还要求我们在认识过程中,正确地应用这些概念来分门别类地归纳自己的经验的各种成分。

什么是感性材料呢? 事物的感性材料就是我们在自己的感觉中所直接感受到的那些东西。比如上面那张桌子的颜色、硬质、形状等以及我们在日常生活中通过我们的感官所感受到的各种声音、颜色、味道、硬度、粗细等。

什么是感觉呢? 所谓感觉,就是直接体验到的关于外在事物的经验。

由此可见,当我们看一种颜色时,我们就有关于那种颜色的一种感觉,颜色本身是感性材料,而不是感觉。颜色是我们直接感受的那种东西,感受本身才是感觉。显然,如果我们知道关于书桌的某些事情,那肯定是通过那些与书桌有关联的感性材料——诸如棕色、长方形的形状、平滑等。我们不能说:书桌就是那些感性材料的综合体,更不能说,那些感性材料直接就是书桌的属性本身。书桌本身是在我们之外,感觉则是我们自己的感受,两者并不是一个东西。所以,关于怎样准确地认识世界的问题,还必须进一步解决感性材料同真实的书桌的关系。

什么是物理对象呢? 所谓物理对象,就是真实存在的事物。比如,那张书桌本身,如果它确实存在的话,它就是"物理对象"。显然,这些物理对象,并不是我们直接感受到那些感性材料。所谓物质(matter),就是这些物理对象的集合体。

下面,我们来看看,罗素心目中的物质世界,究竟是什么? 物质是什么?

第五节 物质的存在

既然罗素认为我们所直接感受到的只是感性材料,而不是事物本身,那么,事物本身是否存在? 罗素在 1912 年出版的《哲学问题》第十二章,曾通俗地说明了这个问题。

以上面所说那张书桌为例,在我们的感觉之外,是否存在着一张不依赖于我们的桌子呢? 那张桌子是否具有其本身的内在本质呢? 如果我们不看它,它是否继续存在那里? 或者,它是不是纯粹是我们的想象力的产物,是一种想象中的书桌?

这是一个非常重要的问题,这个问题实际上是几千年来哲学家们所热烈争论的中心问题之一,这个问题涉及什么是世界的本质这个根本问题。

罗素认为,关于这个重大的哲学问题,可以用极其通俗的语言去说明。它并不神秘,我们在日常生活中,每个人几乎时时刻刻地接触这个问题。

首先,让我们提出这样一个问题: 当你不在的时候,你住的那所房子存不存在? 你睡的床、用的桌子等,在你离开那里以后,在你感觉不到它们的时候,它们到底存不存在?

前面,我们在谈到罗素哲学的形成的时候,曾经提到: 罗素哲学继承了自洛克以来的英国经验主义的传统。现在看来,仅仅这样说是不够确切的。因为承认人的认识起自经验,并不等于承认经验之外存在着独立的物质对象。在上述自洛克以来的英国经验主义哲学家当中,对于"什么是经验"这个问题,回答是不一样的,就是在洛克、托兰德(John Toland,1670—1722)、贝克莱(George Berkeley,1684—1753)、休谟和穆勒父子(James Mill 和 John Stuart Mill)当中,虽然他们都自称或被人们称为"经验主义"哲学家,但他们对经验以及经验以外是否存在着客观的物质世界这个问题的回答,都不一样。总的来说,洛克和托兰德是承认人的经验之外存在物质世界的,但越往后,英国的经验主义就越是强调经验的主观性质,以致到贝克莱和休谟那里,经验被解释成纯主观的意识。贝克莱在他的著作《希勒斯和斐洛诺斯的三篇谈话》(*Three Dialogues between Hylas and Philonous*, 1713)中说:"物是表象,而表象不可能脱离理智而存在;因此,万物的存在就在于它的被觉知。"这就是说,没有人感知,物就不存在;没有主体就没有客体。贝克莱还说:"在人们之间存在着一种以惊人速度传播着的意见,似乎房屋、山岳、河流,总而言之,一切可感觉的物体都具有自然的或实在的实体,似乎这种存在与人的意识对它的感知有所不同。"他继续说,但是,要知道,"天上的雷霆风云,地下的花木鸟兽,总而言之,构成宇宙的万物离开精神就不能存在,……万物的存在就是被感知或被认识。可见,如果它们确实没有被我们感知,或者不存在于我们的心中或其他某种被创造出来的精灵的心中,那么,或者它们根本不存在,或者存在于某种永恒精灵的心中……"⑤。由此可见,贝克莱所说的经验就是人的主观感觉的综合体,而客观存在的万物乃是主观经验的产物。

在休谟那里,上述主观的经验观导致了彻底的怀疑论和不可知论(agnosticism)。休谟认为,一切知识都是从经验、从感性"印象"(impression)开始产生的。在鲜明而强烈的"印象"的基础上,产生"观念"(idea)即"记忆中印出的拷贝"。"观念"不如"印象"明显,这两个认识阶段与洛克的"外部"经验和"内部"经验相似(我们在上面谈到"感性材料"时,也曾看到罗素所说的感性材料与洛克说的"内部经验"有很大的相似处),但却有很大的区别,洛克认为,感觉的源泉是客观的物质世界,而休谟却满足于"给予我们"印象。谁给予的? 从哪儿来的? 休谟坚决不回答这个问题。休谟说:"用什么论据可以证明:我们心中的知觉必定是外在事物唤起的……而不是从人的精神本身的能力中,或者从某种看不见的、无人知道的精神的作用中,或者是从我们更不知道的其他什么原因中产生出来的呢?"休谟认为,这个问题在原则上是不可能解决的。因为"显现在心中的除了知觉以外绝没有任何其他的东西……"他还认为,超出知觉范围是根本不可能的⑥。由此可见,休谟研究经验、感觉的结果,就彻底否认了在感觉以外的客观物质世界的可能性。所以,他得出结论说:"确信人类的盲目和无能为力是全部哲学的结果。"⑦

笔者在这里一次又一次地援引贝克莱和休谟的观点,目的在于帮助读者进一步了解罗素的上述观点,使读者从对比当中看出罗素的上述观点的历史根源,并从中了解到:这是哲学史上一直引起哲学家注意的重要问题。

休谟否认任何实体的存在,认为实体是在普通心理习惯的基础上形成的一种虚妄的抽象。这里,首先否认物质,其次否认作为精神实体的灵魂,心理生活不过是由联想所联系起来的一些观念的合流。休谟认为,中心问题在于对习惯的心理联想进行研究。他把联想分为三类:在空间和时间上关联的联想,相似和对照的联想以及因果的联想。似乎在这三类的联想基础上产生了相应的知识领域:实验科学(experimental sciences)、数学(mathematics)和理论科学(theoretical sciences)。根据休谟的观点,数学原理是从经验、从纯粹悟性(pure understanding)中产生的,这些原理是先天的,和事实没有什么关系。

显然,罗素关于经验的观点,有很多方面是同洛克、贝克莱、休谟的观点有密切联系的。罗素认为,人所直接感觉到的只是感性材料。然而感性材料只是人的主观感觉能力对于物理对象的某种反应,那么,这种感觉能力所提供的感性材料同真正的物理对象有什么异同点? 有什么关系?

首先,我们必须看到,罗素很重视关于物质世界是否客观存在这个问题。他说,"这是最为重要的问题。因为,如果我们不能确信对象的独立存在,我们就不能确信其他人的身体的独立存在,而且,也更无从确信其他人的精神的独立存在。因为我们除了通过观察他们的肉体以外,就无从相信他们的思想。因此,如果我们不能确信对象的独立存在,我们就要使自己独自一个人流落在沙漠中。这就等于说,所有的外在世界无非是一场梦,唯有我们自己才是存在的。"⑧

罗素认为,关于在我之外的物质世界是否存在的问题是最难以论证的问题。我们一方面不能严格地证明否认物质世界的论断是错误的,另一方面,也不能轻而易举地证明它是正确的。

罗素是怎样解决这个问题的呢?

首先,必须找到一个或多或少的站得住脚的立足点或出发点。我们虽然怀疑那张书桌的客观存在,但我们并不怀疑那些使我们承认有一张桌子存在的感性材料。我们至少不怀疑,当我们看的时候,在我们面前呈现出某种特定的颜色和形状;而当我们压它的时候,我们感受到某种硬的感觉。所有这些,是我们毫不怀疑的。罗素把这些不容置疑的感性材料称为心理上的(psychological)因素。实际上,不管别的事物是否可信,至少我们的直接经验似乎是确定的。

罗素建议采用近代的哲学创立者笛卡尔(Rene Descartes,1596—1650)的系统怀疑方法。他认为笛卡尔的怀疑方法是有益处的。笛卡尔曾用这种方法怀疑一切他认为毫无根据的事物。他只相信那种有确切根据和理由的东西。他在应用这个方法的过程中,逐渐地确信:唯一可信的是他自己。由此,他说:"我思,故我在"(Cogito,ergo sum)。在此基础上,他才着手重建他曾怀疑过的世界。

现在回到我们所提出的上述问题。上述问题实际上可以归结为这样:如果我们承认我们自己的感性材料,那么,我们有没有什么理由可以认为这些感性材料是某种其他事物(我们可以把这种事物称为物理对象)的存在的标志或信号呢?当我们把我们很自然地看作是与桌子有密切联系的感性材料加以详细列举的时候,我们能否说我们所说的一切就是书桌的一切呢?或者,在我们说的以外仍然有别的东西——某种不同于感性材料的东西,某种在我们走出房间后仍然存在的那种东西呢?根据常识,都会说:在我们走出房间之后,确实还存在着那张桌子。人们会说,我们可以挪动、出售、推动和可以用桌布盖于其上的那个东西——桌子,绝不可能仅仅是感性材料的集合体。如果我们用桌布完全地盖上书桌,我们就得不到关于书桌的感性材料。这样一来,照上面的推论,那张书桌就不再存在了,因而,那张桌布就要因没有东西支持而掉落在原来放桌子的那个地方。这显然是不符合事实的。只有魔术师才会这样认为。

但是,罗素并不因为常识视之为可笑而退却,他认为,作一个哲学家就要敢于冒这种被人讥笑为疯子的危险。

如果有十个人围坐在一张餐桌上,如果认为这十个人都没有看见同样的桌布、同样的刀和叉以及汤匙等,那么,人们就会以为有这种看法的人是一个疯子。但是,各个人的感觉难道真的是一样的吗?在那十个人的眼中所看到和那个特定的刀和叉,难道真得是一模一样的吗?须知,感觉这个东西是私人所有(private),任何人的感知是不能相互代替的,也不能妄称是一样的。难道可以说,我去北角新光戏院看一场电影,就等于你也去看了那场电影?即使我们两在同一时候一块去看那场电影,也不能说我所看到的那场电影同你所看到的是一模一样的。由此可见,不同的人对同一个事物的感觉,是从不同的观点和角度得出来的。

但是,问题在于:不同的人的感知尽管不同,但他们在同时间里对同一对象的感知是很相似的。而且,这些感知间的差别是由于观看者的位置、角度、光线不同而产生的。因此,不管怎样,不同人的那些大同小异的感性材料显然都以同一个持久存在的对象为基础。不同的人对同一个事物会产生类似的感性材料这一点,证明了在不同的人的感性材料之上还存在着一种持久地起作用的公共对象,由于这个公共对象产生出不同的人在不同时间里对同一事物的类似感觉。

但是,上述论证还不够有力。因为我们是以别人的感性材料的类似点作为上述"公共对象"存在的根据。须知,别人的存在本身也是我的感性材料。所以,当我们要证明我们的感性材料之外独立地存在着物理对象的时候,我们绝不能诉诸别人的感受。所以,如果可能的话,我们必须在我们自己的经验中,寻找出某种能证实外在世界的独立存在的证据。

在某种意义上说,我们可以这样认为,在我们自己的经验之外是无法证明外在世界的存在的。实际上,说世界是由我自己、我的思想和我的感觉所构成的,在逻辑上是无懈可击的。在梦里,任何一个复杂的世界似乎是可以再现得活灵活现,只有到醒来的时候,我们自己才发现那是一种幻想。这也就是说,我们发现:在梦中的感性材料并不一定同我们由日常生活中的感性材料所引申的那种对象相吻合。我们在梦中的感觉,同我们平时所感受到的实际对象不一定相协调。罗素由此得出结论说:"认为我们的整个生活是一场梦,并且我们在这一场梦中可以随心所欲地去创造所有的客体,这样一种假设,在逻辑上并不是不可以的。"⑨

但是,罗素并不认为,凡是逻辑上站得住脚的问题就是真实的事实。罗素从上述逻辑推论中回到现实生活中。他认为:所有人的感觉都认为在我们之外有一个客观的物质世界,而且,这个客观的物质世界是产生我们的感觉的根源。

举例来说,当我们在房屋里看到有一只猫在某一时刻待在某一处,在另一时刻待在另一处的时候,我们就很自然地说:这只猫在这期间从一处运动到另一处。但如果这一切都仅仅是一系列感性材料的综合的话,那么,那只猫就不可能待在我没有看到的那些地方,那只猫也可能在我没有见到的情况下从某一处走向另一处。假如不管我看不看它,那只猫仍然存在,而且确实已从某一处走到另一处,那么,根据我们的往常的经验就可以推断:这只猫是为了寻食而走动的。但如果像有人说的那样,那只猫不过是感性材料而已,那么,它就不可能有食欲。因为由纯粹感性材料组成的猫是不可能有食欲的。由此可见,那只有食欲的猫并不是感性材料的集合体,而是一只在我们之外的独立客体。它是一只有食欲、能自己寻食的、有生命的猫,不管我们是否见到它,情况反正就是这样。

经过这样一番反复讨论、证明、观察、对比之后,罗素终于得出结论说:

> 因此每个最简单明了的原则都促使我们接受自然通行的观点,即在我们之外,在我们的感性材料之外,确实存在着一个不依赖于我们对它们的感知的客体。⑩

说到这里,我们看到,罗素一方面认为,我们所感知的仅仅是我们自己的感性材料,这些感性材料与外在的事物、对象本身并不一样;另一方面,他又认为,根据大量的生活经验,在我们之外确实存在一个不依赖于我们的感性材料的物质世界。

罗素并没有彻底地解决感性材料同外在世界的关系问题。他只承认两者的存在和两者的区别,并没有得出明确的结论说:感觉是外在世界的反映,但他也没有明确地否认感觉是外在世界的反映。

由此可见,罗素对这个问题的回答是二元论的。他承认有两个不同的世界:精神世界和物质世界,但没有真正说明两者的关系。

第六节　真理观

关于真理的问题,罗素曾在不同时期中写著作进行论述。他在1906 年到 1909 年期间,写过四篇论真理的文章。这四篇文章在 1910 年收集成一本书出版,书名是《哲学论文集》(*Philosophical Essays*)。到 20 世纪 30 年代末,罗素继续研究这个问题,写成论真理的第二本书《意义与真理探究》(*An Inquiry into Meaning and Truth*),该书出版于 1940 年。到了 1948 年,罗素出版了《人类认识及其范围和界限》(*Human Knowledge:lts Scope and Limits*),进一步论述了真理的问题。

真理观是罗素的认识论的一个重要组成部分。同他的世界观的其他部分一样,罗素的真理观是有一定的发展过程的。当他刚刚叛离康德和黑格尔的哲学体系时,他认为真理是由它同事实的某种关系所决定的;至于这个关系是怎样的,那就要看所谈论的真理究竟属于什么性质。在这个问题上,罗素既反对黑格尔的一元论的真理观,也反对皮尔斯(Charles Sanders Peirce, 1839—1914)和詹姆斯(William James,

1842—1910)的实用主义真理观。

1906 年,英国哲学家哈罗德·乔基姆发表了《真理的本质》(*The Nature of Truth*),这是黑格尔一元论真理观的标本。趁此机会,罗素在批判这种真理观的过程中发展了自己的真理观。

罗素认为,一元论者把真理的主要特征归结为"首尾一贯"(coherence)。他们一方面认为,任何真理都不是相互独立的,而是相互联系的;另一方面又认为,每一个真理都可以变成整个宇宙的全部真理。在这里罗素显然把本来已经有绝对化毛病的黑格尔真理观进一步加以绝对化。但不管怎样,罗素对于黑格尔的真理观的批判,也有值得我们考虑的地方。比如,他说:某一个命题是否正确,并不取决于他本身是否包含部分的真理,而取决于它本身是否有充足的根据。黑格尔把任何一个真理的命题都看作是某个完整的真理的一部分。其实,并没有一个能包容一切真理的绝对真理。任何命题是否是真理取决它本身有没有足够的根据。如前所述,罗素认为,任何真理都是独立的。换句话说,任何真理都有它本身之所以成为真理的根据和道理。每一个真理的根据都存在于它本身之中,它同其他事物的联系纵然对它有一定的影响,但终究不是真理之成为真理的根据。

罗素和 G. E. 摩尔一样,早期受到过英国新黑格尔主义者布拉德利(Francis Herbert Bradley,1846—1924)的绝对唯心主义的真理观的影响,布拉德利认为一切关系对于关系项而言,都是内在的和必然的。在他的《现象与实在》(*Appearance and Reality*,1893)一书中,布拉德利认为,"关系"概念本身乃是自我矛盾的,因此,它是不实在的。这种认为"实在"至少必须不自我矛盾的观念,在布拉德利的《论真理与实在性》(*Essays on Truth and Reality*,1914)论文集中得到了进一步的论述。布拉德利认为,如果实在性是包含一切的、始终一贯的及和谐的经验的话,那么,它就不会是一种"多元性",而只能是一种"单一性"。这种单一性的实在性同感觉,即"直接的经验",具有相当大程度的类似性,其性质是多样性的,但绝不会是多元性的。但是,在思想中,始终都存在着矛盾。因此,作为绝对,实在性必须超越出思想的界限,因为思想总是要超出自身的界限之外的。然而,绝对,作为总体的和大全,是不可能达到的。布拉德利的上述观点,导致把整个世界看作是一个必然关系的网络。

罗素的分析哲学从它形成的时候起,便把布拉德利的上述内在关系理论作为批判的目标。罗素认为,任何对象的存在都只能是逻辑地独立于其他对象的存在,一切关系并非像布拉德利所说的那样是内在的,而是**外在的**。一切事件都是一个个独立存在的"原子事实",事物之间并不存在内在的必然联系。自然界本身没有必然性,必然性只存在于逻辑结构之中。

罗素的上述逻辑原子论真理观,虽然发展了自休谟以来的英国经验论思想,但已经大大超越了休谟经验论的狭窄范围,反对休谟等人把必然联系仅仅归结为"习惯的期待"或"联想",反对把逻辑关系归结为经验的概括,在罗素看来,必然性应与事实无关,不应包含任何经验的内容。

罗素的上述真理观,乃是 19 世纪末以来西方哲学研究中的符号逻辑学发展的一个重要总结。罗素很重视希尔伯特(David Hilbert,1862—1943)的形式公理学系统的提出,对纯形式化的无矛盾推演发生极大的兴趣。关于这一点,本书本章第七节中将进一步论述希尔伯特的逻辑思想对于罗素的逻辑思想的影响。

罗素在希尔伯特等人影响下所发展起来的逻辑主义真理观,在他同怀德海合著的《数学原理》中,已经完成了系统地符号化和形式化的推论工作,强调数学的基本概念导源于逻辑概念,数学的公理可以从逻辑公理导出作为逻辑的定理,整个数学无非是可以从为数不多的几条逻辑公理推出的。罗素的这种纯形式主义的逻辑主义,把逻辑真理看作是仅由形式便可断定为真的符号体系,其真理性无须依赖于其所说的内容。

罗素的这种真理观是直接发展了希尔伯特的形式主义逻辑理论的。在希尔伯特 1899 年发表的《几何学原理》(*Grundlagen der Geometrie*,1899)一书中,他在新的概念的基础上重建了欧几里得几何学,使几何学在形式符号系统中,完全摆脱内容和直观图像,变成一种逻辑上的放射性透视摄影照片,只看到其中的形式架构,几何学的对象不再是点、线、面,而是 A、B、C······,α、β、γ······,等无内容的符号。希尔伯特将几何学建立在无矛盾性的概念的基础上。这样一来,希尔伯特把数学符号看作是纯粹的记号,没有任何意义,而各种数学公理和命题,也都是无意义、无真假的符号之间的排列组合。数学公理系统的真理性的唯一标准乃是其无矛盾性。

受到希尔伯特等人的启发,罗素对于布拉德利的批判集中在逻辑的方面。布拉德利是从分析对象的性质和关系出发,去论证他的内在关系理论的。布拉德利在《现象与实在》一书中,强调性质和关系的相互依赖性。他说:"关系以性质作为先决条件,而性质也以关系为先决条件"⑪接着,布拉德利认为:"性质除非被包含于和依赖于某种整体,最终不能有意义。"⑫由此他强调了性质的"整体性"和"总体性",把黑格尔的局部服从整体的辩证法思想简单化地贯彻在他的内在关系理论中。

罗素指出,批驳布拉德利理论的关键,就是要证明**关系的实在性**,即证实其不可还原性,因为在布拉德利那里,如上所述,关系是可以还原为相关项的性质的，也就是说，关系并非独立存在。罗素指出，并非所有的关系都可以还原为性质；有些关系可以还原为性质，有些关系则不能。例如：兄弟关系可以用性质来表达。甲和乙是兄弟，可以从下述两个表示性质的句子中看出来："甲是丙的儿子"和"乙是丙的儿子"。但要表示甲比乙"年长"，则无法通过表示性质的句子来表达。即使是可以说："甲生于 1960 年"和"乙生于 1965 年"，但如果不说："1960 年比1965 年更早"，就仍然尚未表示出甲比乙年长的关系。因此，罗素指出：一切不对称关系，都不能还原为性质。所以，这种类型的关系具有逻辑上的独立性，即所谓"实在性"。

上述论证，如同本章第一节所列举过的罗素论证过程一样，其矛头直指内在关系说的黑格尔绝对主义原则，直截了当地表明了罗素的逻辑经验主义的相反原则，即：世界是相互独立的、有外在联系的"子弹"或"逻辑原子"构成的。在罗素看来，世界既然是由多元的事实组成的，对世界的各个部分的认识也可以分别地、单独地进行。因此，认识一件事物，不必像黑格尔主义者布拉德利那样，非要认识该事物的一切关系不可。

如前所述，罗素把世界上最简单的事实称为"原子事实"，因此，陈述这一类事实，不论其是否正确，都可以被称为"原子命题"。这些命题往往简单地表示某事物有某种性质，或者表示某事物与其他的事物具有某种关系，诸如："这是白的"，"树木在房屋前面"等。

在罗素看来，原子命题的真与假，只能靠经验去鉴别。经验成为原子命题的真假区分标准。在这一原则的基础上，一切由原子命题组合而成的分子命题，其真假是由每个原子命题的真假，通过逻辑运算来决定。罗素称之为命题的真值函项。

一切真知识，乃是通过真值函项的形式，反复地连接和组合原子命题的结果。因此,一切知识,都可以在原子命题及其真值函项的复合体的术语中得到陈述——这种真理观的逻辑经验主义性质,昭然若揭。用原子命题组成的分子命题,可以陈述更复杂的事实,也可以表示各种推论关系。由原子命题通过各种逻辑符号而连接成的分子命题,可以不断扩大地发展我们的知识领域,获致各种知识,正如罗素所说:"如果我们认识了所有的原子事实,并且也认识到除我们所知道了的以外再也没有其他的原子事实了,那时我们在理论上就能通过逻辑推论出一切其他的真理。"⑬

罗素在论证自己的真理观的过程中,把主要的注意力集中在对实用主义真理观的批判上。因为他认为驳倒黑格尔的绝对真理观并不困难,它在普通人那里也没有什么市场。然而,詹姆斯等人的实用主义真理观却有很大的迷惑力。

为了批判实用主义真理观,罗素曾写两篇文章。这两篇文章可以作为我们了解罗素的真理观的主要线索,这两篇文章都收入了《哲学论文集》中。罗素的第一篇文章是批判詹姆斯的书《实用主义:某种古老的思维方式的新名称》(William James, *Pragmatism: A New Name for Some Old Ways of Thinking*),第二篇文章是发表在 1909 年 4 月号的《爱丁堡评论》上的,它是评论一般实用主义的文章。

罗素在这两篇文章中所阐述的真理观与实用主义真理观的不同点在于:

> 实用主义真理观认为,判断一种信念是不是真理,取决于它本身是否具有某种效用(effects);而罗素认为,判断某个经验的信念或认识是不是真理,取决于它本身是否具有某种理由(causes)。詹姆斯曾说:"观念之成为真理,恰恰在于它们能帮助我们达到同

经验其他部分的满意的关系。"⑭詹姆斯还说："真理是一种善 (good)，而不是像普通所想象的那种与善有区别的范畴，……所谓真理，就是能证明自身是善的某种信仰方式……""真理，简略地说，不过是我们的有利的思维方式……"⑮。

罗素认为，实用主义的上述真理观存在着不可克服的矛盾。这个矛盾就在于：在我们知道我们的信念是正确还是错误以前，我们必须假定自己知道① 这些信念的效果；② 这些效果是好还是坏。

罗素指出，撇开实用主义真理观在理论上的错误不说，在实践上，这种实用主义真理观也是站不住脚的。因为一个人的信念在日常生活中能否取得好的效果，在很大程度上取决于该国政府及其政策。在美国被认为有利、合算的那些信念，在苏联就是灾难。反之亦然。纳粹分子的信念，按照实用主义的真理标准，是不符合真理的，因为德国在第二次世界大战中被战败了。但是，如果德国人胜利了，实用主义者就会庆贺纳粹的观点是"真理"。

罗素对实用主义真理观的批判是正确的。或者，公正地说，这个批判比他对黑格尔的批判更有力、更深刻。

罗素在批判实用主义的过程中，并不是不加分析地加以绝对的否定。他在批判实用主义的同时，也吸取了詹姆斯和皮尔斯的实用主义的某些合理因素，并使之纳入他的哲学体系，使罗素的哲学，经历对实用主义的分析批判之后，从其原来的逻辑原子论逐步转向一种中立的一元论，并在意义问题上具有行为主义的倾向。

罗素在实用主义和行为主义的影响下，主张把语言的意义与说话者的信念、心理活动及行为等因素联系起来。在此观点下，"意义"的重要性就在于表达着说话人的信念。通过语言的表达，说话者的内在信念开始与实现这些信念的行为方法、行为条件、行为对象及行为效果发生关系，因而也同外部世界发生了联系。因此，必须重视语言的实际效果，进一步分析语言在实际生活中所起的作用。这样一来，最直接的起码要求，便是从行为的因果关系分析语言的意义，在对语言的意义进行心理分析的时候，要放置在言行的前因后果的系列中。罗素的这种行为主义观点，非常明显地表现在他的《人类认识的范围及其限度》一书中。

罗素的这种实用主义与行为主义倾向是同赖尔（Gilbert Ryle，1900—1976）、卡尔纳普（Rudolf Carnap，1891—1970）及蒯因（Williard Quine，1908—2000）等语言哲学家的思想观点相平行的，和杜威等人一样，他们都把意义看作是一种行为特性，它包含在人的一切行为倾向中。罗素甚至主张用事件之间的因果关系代替心物二元论，把"意义"理解为一种习惯性的因果联系。词的意义就在于说出这个词与听到这个词之间的因果关系。句子的意义乃是由因果关系组成的。罗素还深受行为主义关于因果观念起于行为习惯的经验主义看法，把因果关系在行为系列中的表现说成是习惯性的反应，看作是受外来刺激而作出的相应反射。这就在很大程度上从语言行为与语言效果的关系去考察意义的问题。

为了进一步弄清罗素晚期的行为主义真理观，有必要适当地把他的观点，同行为主义的代表人物华生（John Broadus Watson，1878—1958）、赫尔（Clark Leonard Hull，1884—1952）和斯金纳（Burrhus Frederic Skinner，1904—1990）等人行为主义加以比较。这些行为主义者把人看作是消极被动的行为主体，似乎人的思想和心情只有在受到其环境刺激下而发生的行为中才能显示出来。他们把试验室条件下所作的行为环境当作典型，似乎人的行为都是对于这些环境刺激所作的反应而已（J. B. Watson，*Behaviorism*. 2nd. Edition. New York.
1930；B. F. Skinner，*Beyond Freedom and Dignity*. N. Y. 1971）。这
样一来，人的意识是无法直接观测到的。对于人的一切活动，只能从研
究环境对人的刺激与人所作的反应的关系着手。人的行为成为研究人
的中心课题，罗素就是在深受这些行为主义影响的情况下，在他的晚期
的意义理论中纳入了行为主义和实用主义的观点。罗素把学习语言的
过程也看作是行为习惯的结果。在他看来，学习语言就好像习惯性地
听到某些声音便作出相应动作的生物反射一样，乃是一种习惯性的因
果联系。他说：

> 懂得一种语言并不是说对于这种语言的字的意义能够作出清
> 楚明白的说明；懂得一种语言是说听到这些字时产生适当的效果，
> 而使用它们时也有适当的原因。⑯

罗素的这些思想观点对于第二次世界大战结束之后的语言哲学的
发展具有深远的影响。维特根斯坦（Ludwig Wittgenstein，1889—
1951）在《哲学研究》（*Philosophische Untersuchungen*）中提出的语言游
戏和生活形式的概念，赖尔在《心的概念》一书中所提出的概念语词的
意义及其在有意义的命题中的使用规则，以及蒯因在《本体论的相对
性》一书中所提出的语言行为的观点，都是把语言分析同实用主义、行
为主义相结合的一个理论结果。这些语言真理观，距离罗素早期的指
称论思想已经越来越远了。如果说，他的指称论大多只局限从语言与
逻辑的角度研究语词的意义，并只考虑语言与其指谓对象的直接关系
的话，那么，到了受行为主义影响的后期，他又过多地从行为效果和语
言的关系去研究真理的问题。前后两个时期的思想都表现了探索真理

的努力，但距离全面地解决问题仍然还较远，只是他的研究方向显示了语言哲学发展的普遍倾向，表现了语言研究的不断深入过程及其中遭遇到的各种问题。

罗素在 1940 年写的《意义与真理探究》一书以及 1948 年写的《人类认识及其范围和界限》所论述的真理观是更为成熟的。在这个时期，他除了研究经验、感觉、对象以外，还进一步研究语言同真理的关系。在他看来，真理和知识不完全是一码事。作为真理，它只要求同事实符合，它并不一定能给我们提供知识，比如说，一个停止了的钟，我们以为它还在走，当我看那个钟的时候，很偶然地，恰恰是它正在走得很准的时候，在这种情况下，我所说的那个时间确实是正确的、是真理，但是，那不能算作是知识。因为那是碰巧说对了，这种真理并不是通过我的调查和研究而得出的结论。

像上述那种虽然符合事实但对我们并无多大用处的"真理"是很多的，它们之所以正确就在于它们同这种或那种事实有相符合的关系。所以，罗素自己有时也把他的真理观称为"符合理论"（a correspondence theory）。

罗素强调说：真理的符合理论认为，"基本命题的真理性依靠它们与某些事件的关系，而其他命题的真理性依靠它们与基本命题的句法关系。"[17]

罗素的上述真理观，由于把真理性命题分为两个层次，导致了真理评判标准的二重化可能，从而隐含了他的真理论的难以克服的矛盾。

具体地说，一方面，既然一切基本命题的真理性依赖于它们同某些事件的关系，而关于某些事件的原子命题的真假又只能凭借经验，那么，基本命题同经验之间的不可分割的依赖关系，势必得出真理非经验检验不可的极端经验主义的结论,而这样一来,"真理"就只能限制在断定人们当前知觉到或记忆的命题之中。但是,正如罗素自己所发觉的那样,单靠经验并不能够检验一切真理;有些真理是无法靠经验证实的。人的经验的历史性和局限性,使经验无法证明许多它所达不到的领域的问题的真假性。在这一点上,罗素显然吸取了休谟和贝克莱的主观的经验论的教训,特别是总结了自然科学重大发现的历史经验,试图跨越纯粹经验主义的狭窄范围,使他的真理观不再重蹈主观经验论的覆辙。罗素为此列举了一系列无法由经验证实的命题,表明纯粹经验主义的片面性和危险性。

在此基础上,罗素强调,命题的真假,不是单纯地依靠经验,而是依据**一件或多件事实**;而事实是从属于客观世界,也独立人的经验的。

罗素的真理观,到了发表《人类认识的范围及其限度》的时候,稍微有了些改变。如果说在这以前,在罗素的真理符合论中,他所强调的是命题与事实的符合的话,那么,现在他所强调的,是信念与事实的符合。他认为,哲学必须研究那些最基本和最简单的关系,而信念是比语句更为基本的。人可以用不同的语言说话,但表达的信念却是相同的。信念比语言更为根本,因此,有些简单的信念无须借助语言便可存在。与信念不同,语言所组成的语句比信念更呈现出复杂的性质,语句除了表达信念以外,还可用来说谎、提出疑问等。因此,罗素说:

> 每一个不只是行为冲动的信念,都具备一幅图画的性质,再加上一种"是"或"不是"的感觉。在我们具有"是"的感觉的情况下,如果有一件事实对于那幅图画具有一个原型,对于一个意象所具有的那种相似的话,那么,它便是"真"的。在我们具有"不是"的感

觉的情况下,如果没有这样的事实,那么,它便是"不真的"。一个不真的信念,就叫作一个"假"的信念。⑬

罗素的真理观的另一个重要贡献,便是他对悖论问题的研究。罗素在综合研究数学、逻辑和语言的过程中,认真地分析了悖论的难题。

对悖论的解决,关键是对语言进行深入的分析。以最古老的悖论为例。假如有一个人说:"我说谎",试问他说的是真话,还是假话? 假如他说的是真话,即他说"我说谎"为真,那么他说的是假话。假如他说的是假话,即他说"我说谎"为假,那么他说的是真话。由此看来,对于这个问题的判断,我们陷入了两难窘局之中——不论我们说他说真话或假话,我们都被迫推出相反的结论。

罗素发现了这个悖论所隐含的深刻意义,着重分析了语言整体的各个层次的结构。原籍波兰的美国数学家和逻辑学家塔斯基(Alfred Tarski, 1901—1983)在这个问题上发展了罗素的观点,强调日常生活中使用的语言(即自然语言)包含许多含糊不清的缺点,必须以某种人造的语言来弥补自然语言的缺点。这种人造的理想语言是具有"准确说明了的结构的语言"。在这样的理想语言中,要有一些"原始词",其词义无需作任何解释。然后,依据一些定义规则,再从原始词中引出新的词汇,并确定由这些语词组成句子的句法标准。同时,与数学一样,要精选出一些不证自明的原始句子作为"公理",以便在规定的推理原则的指导下,再从公理演绎出新的定理体系。

对语言的重建不能停留在这个水平上,因为它在某种程度上仍然没有克服日常语言的"封闭性",即仍然含糊不清地同时使用表达式、表达式名称和形容这些表达式的各种谓词。

塔斯基为此进一步将语言划分为对象语言(Object-language)和元

语言(Meta-language)两个层次。对象语言是用来谈论事物的,元语言是用来谈论对象语言的,它并不直接谈论对象语言所谈论的事情。所以,对象语言属于第一层次,元语言属于第二层次。这种划分当然是相对的,但这样一来,语言就被划分为多层次的有等级的体系。

语言被划分为层次后,便可以着手解决前述悖论,因为上述悖论中的句子"我说谎"应该用元语言加以叙述,变成为"我用对象语言所作的断定是假的"。由于说话者并未用任何对象语言作任何断定,所以不会由这个句子推出其矛盾句。

因此,对真理下定义也必须从元语言与对象语言的关系来进行。元语言作为第二层次的语言,为了给真理下定义,必须在本质上比对象语言更丰富,应包含更高阶段的逻辑类型中的变数。在语句函数"X 是白色的"中,一切白的东西,如雪、粉笔、面粉等,都可以使其得到满足。一般句子就可以理解为不带自由变元 X 的语句函项。语句函项实际上是代数中的函数的扩展。所以,对于一个句子而言,或者满足于一切对象,或者不能被任何对象满足。真理与谬误的区分正是在这里:如果一个句子满足于一切对象,它就是真的,否则,它就是谬误的。

由罗素所开创、由塔斯基所完成的上述语义学真理论,对当代科学哲学的发展产生了深远的影响。

第七节　逻辑和人类知识

罗素认为,宇宙再大,无非是物质(matter)和形式(form)构成的。所谓物质乃是构成万物的原质(elements);而所谓形式乃是关系(relation)。哲学的精华就是逻辑,它和数学一样是研究关系的。世界,就整体而言,就是由物质以不同关系而形成的。物质及其各种性质由各个专门科学去研究。哲学,特别是逻辑,则是专门研究物质的普通形式或普遍关系的。罗素的逻辑就是世界的各种普遍关系的概述及总结。

这种普通关系并不是像黑格尔说的那种虚无缥缈的东西,而是实在的。比如说,"我是在这间屋子里"这个命题就是表明"我"同"屋子"的实在关系。"我"和"屋子"固然是实在的,而且,"在……里"也是实在的。如果"在……里"所表示的那种关系不是实在的,"我"就不可能存在于这间"屋子""里"。"我""在……里",而不是在别的任何地方,表明"我""在……里"这种关系是实实在在的⑲。

罗素认为,上述关系只是世界上千百种普遍关系中的一种。各种各样的关系都是实在的。哲学,特别是它的精髓——逻辑,就必须研究和揭示各种关系。唯有把握事物的各种普遍关系,才能揭示世界的奥秘。

前面已经提到,罗素的逻辑原子论也就是他的实在论哲学,其原因就在于坚持事物的各种普遍关系是实在的。他的逻辑打破了亚里士多德以来的古典逻辑的条条框框,引起了逻辑的一场真正的革命。这是因为罗素把逻辑变成了研究事物各种普遍关系的学问。而在亚里士多德那里,逻辑的任务仅仅是进行分类。所以,亚里士多德的逻辑又可以称之为"类的逻辑"。这种类的逻辑又把事物的关系归结为主要是"主谓关系"。结果,"主谓关系"反而束缚了逻辑本身,使它不能深入研究主谓关系以外的其他关系。所以,局限于亚里士多德的范围内,显然是不能更深入地认识世界的。

其实,在罗素以前,也有人试图以逻辑作为认识世界的主要工具,而且也取得了重大成果。诚然,这个人不是别人,恰恰就是罗素曾经崇拜过,而后又加以批判的德国哲学家黑格尔。黑格尔曾经用他的辩证法思想创立了辩证逻辑,他把人的认识看作一个辩证的发展过程。在这个过程中,人们认识由最简单、最低级的形式开始,慢慢地发展成为高级的、全面的认识,以至达到最高级、最完满的认识,达到黑格尔所说的"绝对精神"的境界。当人的认识达到"绝对精神"的境界时,认识过程实际上已被黑格尔自己所窒息,变成了一个自称是包罗万象、但实际上是不再发展,因而是空洞而僵死的框框。黑格尔的辩证逻辑,就其没有达到"绝对精神"以前承认人的认识是一个发展过程而言,乃是包含许多科学的成分。然而,当他自诩建立了包罗万象的"绝对精神"体系的时候,他就等于使他的哲学走上自杀的绝境,所以,他的辩证逻辑往往不被人所理解和接受。

罗素反对黑格尔的辩证逻辑。这种反对,有它的正确地方,也有不合理的地方。罗素对黑格尔的这种两面性也反映在他自己所建立的逻辑原子论和实在论中。

罗素的逻辑原子论强调世界万物的普遍关系的重要性,并强调每种关系的稳定性、可靠性、确定性、独立性。但由于他在反对黑格尔的时候走上了否定一切的极端,所以,他的逻辑有另一种绝对化的毛病,即把每种关系的固定性过于绝对化,罗素自己也承认这一点,而且,到了后来,他也试图改变这种绝对化,但他改得不够彻底。

如前所述,罗素的逻辑首先打破了亚里士多德所规定的仅限于"主谓关系"的框框。按照亚里士多德逻辑的规定,所有的命题都可以归结为主词和谓词的关系形式。例如"人是能笑的动物","人"是主词,"是能笑的动物"是谓词;"牛是有角的"——"牛"是主词,"是有角的"是谓词。但是,实际上,世界上的事物的关系并不限于"主谓词"关系。这就是说,有很多关系是不能用主谓关系表示出来的。比如,某位先生同他的妻子的关系。如果把他的妻子看作是他的谓词,他的妻子就要提出抗议。又如前面所说的"我是在这屋子里",显然,"我"和"屋子"的关系并非简单的主谓关系。不属于主谓关系的形式还有很多很多。罗素以所谓"比较等级"(comparative degree)关系为例。罗素认为在"比较等级"的命题中所隐含的关系是一种所谓"非对称关系"(asymmetrical relation)。

例如,"此物较大于彼物",这个命题表示了两物的不同体积量,其中,一物的体积大于另一物。这种关系无论如何不能简约成主谓关系的命题。如果说"此物与彼物是相同的",那么,它就可以变换成另一个表示主谓关系的命题——"这两个物是相同的"。但主语是"这两个物",而非其中的一物。这也就是说,这种命题的变换在实际上把它俩的关系变成为它俩的共同性质了。再进一步说,如果有这样一个命题"此物与彼物是不同的",那么,这一命题也可以变换成主谓词形式的命题——"这两个物是不同的"。这也就是说,这一命题把原来表示两物"不同"的"关系"的那一命题变成为表示两物"不同"的"性质"的新命题。而且,新命题是以"两个物"作为主词的。换句话说,原来的关系命题变成了性质命题。

问题在于:世界上的物与物的关系并不仅限于上述两种。尚有其他很多关系无法变成为主谓关系。例如上面说的"此物较大于彼物"这个命题是无法改写成表示性质的命题。因为这一命题所表示的不仅是两物的不同性质,而且包含着一物"较大于"另一物的关系。我们无论怎么改,也驱逐不了"较大"这个关系。

与"较大"相同,尚有"较小"、"较先"、"较后"、"在左"、"在右"、"在内"、"在外"等关系,这些关系都是属于罗素所说的"非对称关系"。我们知道,上述非对称关系不仅存在于两项事物之间,也存在于三个以上的事物之间。

不能并入主谓形式的关系除了非对称关系以外,还有很多很多。举凡命题中包含有"与"、"或"、"除非"、"倘若"、"如果"、"加"、"每"、"不"、"非"、"没有"以及其他表示否定的词等,都是非主谓形式。所有这些词都是表示关系——形式的。如果否认形式或关系是实在的,那么,就可能把这些形式勉强地归属于物的性质的一种。罗素说,把这些表示否定、非对称关系的词解释成"性质",必然要歪曲现实关系,歪曲世界的本来面目。罗素特别提到上述表示"否定"的关系,如果变成"性质"是绝对说不通的。因为世界上的事物是能"有"某种性质,不能有"没有"的性质。在罗素以前的哲学家,因为没有走出亚里士多德的框框,无法说明表示"没有"的关系的命题。因此,这些哲学家说:"你不能设想没有"(Thou canst not conceive nothing),但是,在日常生活中,几乎时时刻刻碰到"没有",可见,"没有"是实在的。

当然,"形式"之实在与"物质"之实在,是不一样。物质之实在可以用眼睛看得见、用手摸得着。形式上却有许多情况下无法感觉出来。罗素说:

> 过去,人们以为,在心理世界和物理世界之外,别无其他的世界。现在我们知道,这两个世界之外,还有一个形式的世界。这个形式的世界,和物理世界一样也是客观的。但是它不像物理世界那样可以为感官所感觉。[20]

逻辑的任务,如前所述,就是要研究这个形式的世界。在这个形式世界里,也充满着像物质世界那样极其复杂的内容。这些关系也有许多客观的规律。罗素说:

在我的奇妙的逻辑动物园里，存在着不少奇妙的怪物。例如"金山"（The golden mountain）和"现在的法国国王"（The Present King of France）。这些怪物虽然可以在我的逻辑动物园里自由自在地漫步徘徊，但是它们都有一个奇怪的共同的本质，那就是它们都属于实际上并不存在的东西。也就是说，它们是表现一种感觉不到的"关系"——"形式"。㉑

罗素极力反对把这些千变万化、光怪陆离的形式简单地归结成一种"主谓形式"。要认识世界，就必须把这些形式看作实在的东西，并以其本来面目，加以细致的分析。

逻辑的任务是研究这些实在的形式；而逻辑的基本功能是分析。这种分析的出发点和基础是感觉经验，其基本原则就是"奥卡姆剃刀"。

世界上万事万物的关系是复杂的，但是，这些关系只要遵循上述的方法和原则，是可以精确地认识到的。罗素说：

我相信世界是由无限量的小片段所组成的。同时我也认为就逻辑所能指示的范围内，每一小片段可能正好与其所见一样精确，纵使其他的小片段不存在也不例外。……我仍然认为：除了透过活生生的人的思想与感情之外，我们还可透过自然科学去了解我们的世界。我还是相信我们人类只有透过观察才能了解世界的万象，那些强词夺理的辩论并不能帮助我们对世界的了解。㉒

所有这一切，表明罗素的逻辑原子论就是想借对于形式的研究去认识世界的。

罗素认为，哲学也和其他科学一样，是以"知识"为主要对象。但是,如前所述,它所提供的知识是从研究各种关系中得出的,不像各门具体的科学是研究各种物质的性质中得来的。

哲学所研究的各种关系,有的是现实中已被人们发现的具体关系,有的是尚未被人们发现的、靠逻辑推论得来的关系。但不管是前者还是后者,都是实在的,都是可以在逻辑中得到证明的。正因为这样,哲学所研究的知识对于人生有两种意义:

第一,由于哲学通过逻辑精确地概括了人们所认识的各种普通关系,所以,使人类能在现有认识成果的基础上加深对于世界的认识。

第二,由于哲学通过逻辑精确地论证了尚未被人认识的各种复杂关系,所以,可以促进人类认识世界的进程,以逻辑的低级形式数学为例,在人类认识史上和科学史上有过多次借助数学原理认识世界的先例。例如在天文学史上,海王星和冥王星的发现都是由天文学家和数学家通过数学计算首先推测出来,然后再由天文观测证实的。

由此可见,哲学的实在的对象,既可以是现实存在的,也可以是科学想象中的。哲学的任务,或者说得更准确些,逻辑的任务,就是一方面总结和概括人类现有知识中所揭示的各种普通关系,并使之精确化、简练化;另一方面要帮助人类的理智去想象和认识所有那些未被发现的关系。

照罗素看来,这第二方面的任务是更为伟大的。因为整个宇宙是无限的。人类不过是宇宙的一个小小的部分,任何一个人要学习哲学和把握真正的哲学,必须使自己的头脑首先从"现实人"(Practical man)的偏见中解脱出来。一般的"现实人"的眼光只限于人的日常生活知识,以人为中心。真正的哲学家要求有远大的目标,以致可以使自己的眼光远远地超出人的领域——不仅超出人的现在,也要超出人的过去和将来,超出人的历史和人的社会。

正因为哲学的研究对象是在时间和空间上都是无限的领域，所以，它的任务是对人类各种知识进行统一的概括，对各种妨碍科学发展的成见和信仰的根据进行批判性的审查(Critical examination)，为我们指明解决各种问题的可能有的种种答案，使我们的思想开阔起来，使我们的思想从习俗的压制中解脱出来。

哲学并不打算像其他科学那样对人类提出的种种具体问题作出明确的答案。如果你去问任何一个数学家、矿物学家、历史学家，或从事其他任何科学的学者：他所研究的科学是否已经实现什么程度的具体成就，那么，他的答复就会是滔滔不绝地直到你厌烦为止。但是，如果你拿这个问题去问一个哲学家，如果他是一个坦率的人的话，他就会承认他的研究并没像其他科学一样，得到某些确切的成果。

但是，由此能不能说，研究哲学毫无用处呢？能不能说，研究哲学无助于人类知识的发展呢？不能。如前所述，既然哲学的任务既要总结和概括人类已有的认识成果，又要指导人们正确地估计和认识那些无限广阔的、尚未被人们认识的领域，所以，哲学研究如果沿着正确的路线和原则进行的话，是可以对人类知识作出贡献的。

以近代哲学史为例，关于天体的研究，在相当长的时期内，由于人的认识能力所限，一直没有形成天文学这门科学，因此，天文的研究就属于哲学家思索的领域。在这个领域内，许多哲学家曾经根据各自的宇宙观设想出各种关于天文的发生、发展及运动的观念。甚至到牛顿为止，天文学还未完全从哲学领域摆脱出来——众所周知，牛顿的那本伟大的物理学著作，书名为《自然哲学的数学原理》(*The Mathematical Principles of Natural Philosophy*)。当人的知识在哲学的推动下获得新的发展的时候，这些受哲学指导而逐步形成为独立的新科学体系的学问，就慢慢地从哲学领域脱离开来。由此可见，当某种研究可能得到明确的知识的时候，它便脱离"哲学"而成一门独立的科学，而哲学则始终去探索那些未被开拓的更新的领域。因此，哲学永远都命中注定要研究那些"不确定的"知识。

有许多问题，就我们所知（除非人类的大脑突然有一天发生了重大的变化）是人类的智力所无法解决的。这种问题往往恰恰成为我们精神生活中所最感兴趣的。比如：宇宙到底有没有一种有计划、有目的的统一？或者只是一堆原子的偶然聚合？意识是不是宇宙的不朽部分，而使得智慧有了无限发展的希望？或只是短暂地存在于我们所居住的星球上？"善"与"恶"只是对人类重要呢？还是对宇宙也具有同样的重要性？这些问题都是哲学家们所提出的，而不同的哲学家对这些问题也都曾提出不同的答案。遗憾的是，哲学家们似乎都不能提出充分证据说明他们所提出的答案是正确的。然而，不管寻得答案的希望如何渺茫，哲学的部分任务便是：继续对这些问题进行思索，提醒人们认识这些问题的重要性，研究所有可能解决问题的方案，并且维持人类对宇宙进行思索推理的兴趣。如果与此相反，我们将自己限制于我们确知必可解决的知识范围内（罗素称之为 Definitely ascertainable Knowledge），我们对宇宙进行思索推理的这种兴趣必将消失。

事实上，罗素认为，哲学的价值大半可以在它的"不确定性"中找到。一个未经哲学熏陶的人，他一辈子都被束缚在各种偏见和习俗之中。在这种人看来，这世界似乎是有限的、确定的、简单的。与此相反，当我们开始进行哲学思维的时候，或用罗素自己的话来说，也就是进行"哲学思考"（philosophize）的时候，我们就会发现：即使是日常生活中最普通的事情，也会发生各种问题，而对这些问题，我们始终都无法找到完全的答案。

但是，哲学只想为我们提供极其丰富的可能答案，使我们能自由地在理性的广阔天地中展翅飞翔,从而使我们有希望找到解决问题的途径。哲学可以使那些尚未进入自由怀疑领域的人们脱离开原有的妄自尊大的判断。它可以指示我们以不寻常的看法观察寻常的事物,使我们可以继续保持对一切事物的求知欲和好奇心。

那么,怎样才能进行正确的哲学思维呢?

罗素告诉我们,所谓哲学思维就是要打破一切框框,解放思想,不偏不倚地观察整个世界。所谓解放思想,不仅指要从陈俗陋习中解放出来,而且也指要从整个人类的利益和立场中解放出来。如前所述,人不过是整个宇宙中的一小部分。囿于人自己的圈子,总是以人的立场观看整个宇宙,就会把宇宙歪曲。因为宇宙毕竟不是为人而设的。纯粹的哲学思维并不打算论证人是宇宙的中心,也不打算论证宇宙的其他部分是与人类相似的。

固然,任何一种知识的获得都是"自我"(self)的一种扩大,但是,我们不能直接将这种扩大作为我们追求知识的目标,把"知识"作为我们进行自我扩大的手段。也就是说,我们在进行研究的时候,不能预期研究对象"应该"具有某种特性,我们只能使"自我"去适应我们在对象中所找到的特性。反之,如果我们在进行研究之前抱有一种想法,认为"自我"和"世界"非常相像,因此在研究中想证明:我们从"自我"中即可得到对世界的认识;那么,在这种研究中我们将永远达不到"自我的扩大"。自我的扩大乃是增加知识的结果,而不是增加知识的目标。罗素说:"人类的伟大并不来自那种将宇宙与人类相似的哲学。"

所谓知识,就是自我与非自我(not self)相结合的一种形式。它也和一切结合一样,会被一种专断所伤害。哲学史上曾经有过许多种哲学,想迫使宇宙符合我们自己所想象的那个模样,他们认为:人类是万物的尺度；真理是人为的；时间、空间和一般性的概念世界都是心灵的属性；至于任何非心灵所生的事物，则都是不可知的，也是与我们无关的等。罗素坚决反对这些狭隘的哲学，并认定它们是妨碍人类知识的扩展的。罗素还说，用这些错误的哲学而得出的"知识"，绝不是"自我"与"非自我"的结合，而只是一堆偏见和成见、习惯与欲望罢了。在这种所谓的知识中寻找乐趣的人和那些因为惧怕遭遇挫折而苟且偏安于现有环境的人们是一样的。

罗素所主张的与此相反。他认为，真正的、科学的哲学思维，应该在所有的、无限的"非自我"中得到满足，同时也在一切能继续无限地扩大"自我"与"非自我"的结合的事物中得到满足。罗素说，真正不受束缚的"自由理智"(free intellect)就是真正地和彻底地与私人的、自我的习俗和观念决裂的理智。这样的理智就可以真正地做到如"上帝"般的观察——不受时空的限制，没有愿望与恐惧，没有习俗信仰的拘束和传统的偏见，只是平静地、不动心地处于一种专心致志的求知欲望中。它所追求的知识是非人格的，但又是人类可能获得的。

罗素将人类的知识分成两种：一种是抽象的、普遍的、而不包括历史的偶然事件；另一种是得自感觉，并且不可避免地要依赖着一个特定的观察位置以及"一具躯体"。这两种知识比较起来，前者有更高的价值。

一个人，如果能坚持上述罗素所要求的那样去进行哲学思维，他就不仅能达到上述那种"自由理智"的程度，同时也可以在他的行为和情感的世界中保持同样的自由与公正(Impartiality)。在罗素看来，"公正"一方面表现在对于真理的纯欲望中；同时，另一方面，也表现在行为中的"正义"，表现在情感上对一切事物的普遍的爱(universal love)(这种爱并不仅仅奉献给那些有用的与可羡慕的事物)。因此，哲学思维不仅扩大了我们思想的对象，也扩大了我们的行为与感情的对象，使我们成为理智上聪慧、在行为上高尚和在情感上仁慈的人。下面，将分别论述这些问题。

注释

① 罗素：《八十生日的回顾》(Reflections on My Eightieth Birthday)。
② 罗素：《如何磨锐你的判断》。
③ 罗素：《数学原理》，1903 年，英文版，第 47 页。
④ 罗素：《我的哲学发展》，1959 年，英文版，第 14 页。
⑤ 贝克莱：《论人类知识的原理》(Principles of Human Knowledge)，1710 年。
⑥ 参看休谟：《人类理性研究文集》(An Enquiry Concerning Human Understanding, Essays and Treatises)。
⑦ 休谟：《人类理性研究》(An Enquiry Concerning Human Understanding)。
⑧ 见罗素：《哲学问题》。
⑨ 同⑧。
⑩ 同⑧。
⑪ Bradley, Appearance and Reality, 1916, p. 25.
⑫ Ibid., p. 573.
⑬ Our Knowledge of the External World, 1914, p. 55.
⑭ 詹姆斯：《实用主义》。
⑮ 同⑭。
⑯ 罗素：《人类认识的范围及其限度》。
⑰ An Enquiry into Meaning and Truth, 1951, p. 289.
⑱ 同⑯。
⑲ 同⑧。
⑳ 同⑧。
㉑ 罗素：《回忆集》。
㉒ 同㉑。

第 3 章

道徳哲学

第 3 章

道德哲学

第 一 节　美 好 的 人 生

　　罗素的道德哲学,如同以下两章所要论述的社会哲学和文化哲学一样,是他的整个哲学体系的重要组成部分。罗素在考察人的基本问题的时候,首先把人放置在整个宇宙界,从人在与自然界相互对立和相互联系的整体关系的角度,分析人的道德问题、社会问题和文化问题。罗素把人看作是自然界的不可分割的一部分,因此,人的思想和行为都是可以认识和可以被把握的。罗素说:

　　　　人是自然的一部分,而不是与自然相对立的东西。人的思想及其身体的运动,遵循着与星辰和原子运动所遵循的完全一样的法则。①

　　罗素的以上论断一方面显示了他的世界观和人生观的坚实的科学基础,具有反有神论的意味,也很接近哲学人类学的观点,但是,另一方面,也显示了他的唯科学论的绝对主义性质。

人固然是自然的一部分,我们在观察人的问题时,应像罗素那样,把人放在自然界的整体中。在这一方面,有助于我们从科学的观点来分析人的基本问题。但是,另一方面,人是自然界的最特殊的一部分,不能像罗素那样,把人简单地与自然界中其他事物同等看待。人的思想和行为的复杂性,并非如罗素所说的那样,可以用原子、电子或其他物理化学的类似性原则加以说明。

罗素的科学人生观,基于他的科学的世界观和宇宙观。科学知识的实在性以及科学知识的真理性,使罗素相信它们是解决人生问题的基础。因此,他的道德哲学的基本箴言是:"美好的人生是为爱所唤起,并为知识所引导的。"②

罗素关于美好的人生的上述定义,显示了罗素道德哲学中两条相辅相成的原则:科学的原则和人道主义的原则。

爱的原则就是一种人道主义的原则。在罗素的哲学中,我们可以体会到这种强大的人道主义精神,它贯穿于罗素哲学体系的各个部分。实际上,人类社会的存在和发展,始终都是以爱为基础的。人类不同于自然界的其他一切事物,就在于人与人之间的相互爱的感情;这种感情把人与人之间的许多冲突和矛盾都消融到起码足以维持人类社会生存的程度。人与人之间固然有着激烈的冲突和矛盾,而且,这种冲突和矛盾,由于人的智慧和能力的出类拔萃,甚至可以产生出远比动物间的野蛮冲突更加严重的后果。但是,由于人类毕竟还存有爱心,所以,人类的冲突再大,也不会酿成不可收拾的程度。因此,在人类的本性中,爱是高于一切的,也是最强大无比的力量,足以战胜人类中的一切恶性,而不断地把人类社会推向更高水平和更高阶段。

罗素坚信人类之爱,毕竟是人类生存的基本系带,也是调整人类生活中的相互关系的基本准则。因此,他主张,要最大限度地发展爱的原则,才能实现美好的人生。

　　但是,对于人生来说,爱和知识都是同样重要的,因此,罗素指出:"有爱而没有知识,或有知识而没有爱,都不能产生美好的人生。"③罗素举出了两个例子,说明爱和知识是美好人生不可或缺的组成部分。他说,在中世纪,当村里出现瘟疫时,教士便劝人们聚集在教堂里祈祷获救,结果,在一群拥挤的祈祷者中,传染发展得更为迅速。这是有爱而没有知识的例子;而第一次世界大战的发生,则是有知识而没有爱的例子,结果是大规模的死亡。

　　人生的美好和幸福,除了需要爱以外,还需要知识。如前所述,罗素从他懂事的时候起,便渴望获得知识,并把获得真理看作是生活中最愉快的事情。

　　罗素所说的知识,是严格地限定在"科学的知识和特定事实的知识"的范围内的。因为只有真正的知识为我们提供实现美好生活的方法。

　　罗素反对谈论抽象的道德,在他看来,"一切道德准则都必须经受检验,方法是检验它们是否能实现我们欲求的目的。"④

　　如果说,爱是人生在世的基础的话,那么,在罗素看来,知识是引导"爱"合理地实施于人生之中的基本保证。换句话说,有爱作基础,有知识作指导,人生才会是美好的,并会越来越美好。这个原则,构成了罗素的道德哲学的全部出发点。

　　如果说,爱和知识都是人生所必需的,那么,在某种意义上说,爱更为必要,因为爱能引导明智之士去寻求知识,以明了如何为他们所爱的人谋取幸福。

　　"爱"是一种非常复杂的人类情感。罗素把爱看作是"喜欢"和"仁慈"的综合表现。有时候,人们对别人和其他事物表现为一种纯粹的喜欢。在罗素看来,对于人来说,只停留在纯粹的喜欢,只能说属于审美性的感情,是远远不够的。最完美的爱,应包含喜欢和仁慈,因为只有仁慈才能超越普通的喜欢之情而实行正当的行为,才能正确解决行为的动机、目的和实施行为时所依据的知识的关系。例如,有了仁慈之心,才能使有些人不惜牺牲自己的生命去帮助麻风病患者的治疗。

罗素所谈的爱,是具体的情感的流露,与一切抽象的,只停留在"原则上"的爱毫无共同之处。他明确地说,他讲的是一种情感,而不是一个原则。因此,作为美好的人生的最重要的构成部分,爱应该表现在最具体和最直接的待人待物的行为中。从这个观点来看,即使是罗素所重视的"仁慈"之爱心,"也有它的限度"。这也就是说,罗素主张仁慈之心,但它并不是抽象的和无限制的,因为对人来说,无限制的仁慈是在现实生活中办不到的。罗素以爱情生活中遇到情敌为例。他说,完美的性爱是由喜欢和美好愿望相结合而构成的。但是,在性爱里,仁慈只有当可靠占有时才会存在,否则妒忌会破坏它。如果一位男人想娶一位女士,而且发现有其他男人也想娶她,这时,就不应该认为他退让出来是仁慈的表现,而是应该认为这是一种属于正当竞争的范围。在这种情况下,那位男人对他的情敌的仁慈就只能是有限度的。在这里,生动地表明罗素的浓厚的人文主义思想。他反对一切虚伪道德说教,反对将仁慈等道德原则抽象化,而特别强调人的具体的情感,强调生物的活力和生物本能及欲望乃是人生之基础之一,是"人世间各种美好的人生中的基础"。因此,不应当把仁慈的原则和爱的原则,同人之自然欲望和正当生活需求,对立起来。罗素说:

在人世间各种美好的人生中,我们必须把动物的活力和动物的本能视为某种基础：舍此，人生将是沉闷和无趣味的。文明应当成为加入其中的东西，而不应取代它。苦行的圣者和超俗的哲人在这方面未能成为完人。少数这类人或可点缀社会，但整个世界若都由这类人组成，那将乏味之极。⑤

第二节　道德的准则

在论述爱和知识对于人生的必要时，罗素曾强调：离开人类的欲望，便没有道德的标准。他指出："当我说行为的道德应根据其可能的结果去评判时，我的意思是，我希望看到人们能赞赏那种很可能会实现我们所希望的社会目的的行为，而不去赞赏相反的行为。"⑥因此，罗素并不同意传统的道德准则对丁行为结果的漠视，也不同意传统道德过程抽象地谈论行为动机问题，不同意脱离欲望去谈论道德。

罗素的这些观点，再次显示他的道德思想的科学基础和人道主义基础。在罗素看来，人的欲望乃是人性的基本表现，因此，在谈论道德行为的动机时，不应像早期的传统伦理学那样，脱离人的正常欲望而探讨抽象的"善"。真正的道德标准不应使本能的快感欲望受到压抑或甚至成为不可能。但是，罗素也主张谨慎地对待欲望，不要使自己的欲望发展成为损害他人欲望的冲突地步。所以罗素建议要"通过最大限度地减少冲突的机会来改变人们的性格和欲望，手段是使一个人欲望的满足尽可能与另一个人欲望的满足相一致。"⑦

道德的起源，正是为了协调不同人之间或同一个人的不同时间内，甚或同一时间内，所发生的欲望冲突。协调不同人之间，或同一个人的不同欲望之间的冲突，不能单靠精神上的"谨慎"，也不能依据边沁所主张的那种"明智的自私"的原则。当然，"谨慎"，在一定程度上，可以调整个人利益与他人的冲突,因而可以构成道德教育的一个组成部分。但是,罗素坚持认为谨慎无论何等重要,它终究不是道德的首要部分,而且,谨慎也不是对理智有促进作用的因素,因为谨慎仅仅诉诸个人的利益。

既然协调个人利益间的冲突不能单靠谨慎,那么,最根本的协调原则,就仍然只能依据爱和智慧的原则。功利主义和宗教迷信都无助于利益冲突的协调。唯有爱,对人的仁慈,才能使一个人做到最大限度地使自己的欲望的满足同他人的欲望满足相协调、相一致。正如罗素所说:"爱所以比恨好,是因为它能使有关人士的欲望变得协调,而不是冲突。在相爱的两人中,成败与共,但在相恨的两人中,一方的成功便是另一方的失败。"⑧

罗素也承认,为了协调人的行为,有时不得不诉诸法律或法规之类,但这种强制性的法律手段,只能通过令人不快的惩罚,求得表面的和谐,并不能从根本上解决冲突。所以,罗素在论述法规手段的必要性的同时,特别强调以爱和智慧的原则进行协调的必要性。

罗素是人道主义者,又是无神论者。所以,他在论述道德准则时,总是以同等强调的程度,反对无视他人利益的反人道精神和反科学的迷信盲从活动。在他看来,残酷待人是反人道精神的,是最不道德的,但是,同样地,各种宗教迷信,也是反人道的和反科学的,因而也是不利于道德意识的培养的。

罗素认为,从历史的观点来看,宗教迷信会是道德的起源之一,因为在最原始的社会中,人们为了调整相互间的利益冲突,为了协调社会行为,往往诉诸神的权威,把某些可能给整个社会招致不利的事情,说成是神所不喜欢的。例如,最早的"罪"的概念,就是指上帝所不喜欢的行为。但是,宗教迷信的弱点就在于:它无法科学地说明为什么上帝不喜欢某些行为。

所以,罗素很坦率地说:"显而易见,一个具有科学人生观的人,是不会为《圣经》的经文或教会的教义所吓倒的,他将不会满足于说,'某某行为是有罪的,此事的结局应是那样。'他将调查那行为是否有害或者相反,调查相信那行为有罪是否造成伤害。"⑨

因此,在罗素看来,任何社会的道德准则都不应是绝对的、终极的或自足的,而应是相对的,不断发展的,尤其应随社会历史条件和知识条件的变化而不断修订和补充的。修订和补充道德标准的依据,仍然是仁慈的爱和智慧的原则。罗素举出阿兹台克人(Aztec)所奉行的吃人肉的习俗为例。阿兹台克人会认为吃人肉是他们痛苦的责任,因为他们担心不这样做,阳光就会变得暗淡。有些部落把十六七岁的少女关闭在暗处,因为他们害怕阳光会使这些少女怀孕。罗素认为,阿兹台克人的这些旧道德观念,都源出于"不懂得科学知识"和"对于牺牲者缺乏爱心"。因此,随着科学的发展以及他们的爱心的不断陶冶,那些野蛮的和迷信的观念是会被修正的。

罗素在论述道德问题时,始终都强调道德行为的科学基础。因此,在论述道德原则的完善化及其实施条件时,罗素总是突出科学的重要作用。他认为,"科学在增加美好的积极因素方面所能做的事情,或许是没有止境的。"⑩

科学知识的发展及教育普及,一方面可以克服因无知而产生的、伤害他人的愚昧,另一方面又可以慢慢地培养良好的情感和习惯,扩大人道主义的地盘,巩固一切有利于发展现代美好的道德原则的社会民主制度,使越来越多的人懂得,立足于科学知识而高度发展的现代社会,为实施理想的道德原则提供了充分的前提条件。

当然,罗素在强调科学对于发展道德所起的重要作用的同时,也没有忘记揭示科学技术在现代社会中所起的消极作用,也没有忘记揭露现代社会中的某些沉迷于权力斗争的少数人对于科学技术的恶意控制。因此,正如本书第五章第二节所要论述的,罗素对科学的分析是多方面的,其中还包括了对于科学的消极的破坏作用的严重批评。罗素对于第一次和第二次世界大战中应用科学成果残害人类的事实,所作的最尖锐的批评,就是一个明显的例子。罗素在论述了科学对人类社会发展和改善人的生活方面的重大贡献之后,严肃地指出:"我们所努力描述的纯粹形式的科学社会,有违于真理的追求,有违于爱情,有违于本能的欢乐,有违于人们历来所怀抱的一切理想,唯一的例外是禁欲主义的抛弃。这些危险的来源并不是知识。知识是美好的,愚昧是罪恶的:这是世界的热爱者所无法否认的原理。权力本身也不是危险的来源。危险的是为权力所行使的权力,而不是为真善美所行使的权力。现代世界的领袖们都醉心于权力,他们能做前人所不能做的事,这足以成为他们之所以如此的原因。权力不是人生的目的,而只是达到其他目的的一个手段,直到人们想起权力所应服务的目的,科学才会对美好的人生有所助益。"[①]罗素最后指出,只有尊重人,尊重人类美德,以爱心为基础去发展知识,发展科学,人类才能最终从屈从于自然的奴隶状态解放出来,成为美好的人生的真正主人。这就是罗素所追求的新的科学的道德观的精髓。

第三节 行 为 的 动 机

关于人类行为的动机问题,在伦理学史上,一直是引起重大争论的基本道德问题。如何看待行为的动机,在很大程度上将决定着道德的命运。人的行为的动机是不是有规律?这个动机是怎样产生的?这个动机对行为起着什么样的作用？动机的本质究竟是什么？等，所有这些，是解决道德问题的基础和出发点。

在哲学史和伦理学史上，有过一派人的意见，认为人类行为的动机是受理性支配的。他们认为人是有理性的动物，人的一切行为都是受理性支配的，是有目的的，有意识的。还有一派人的意见，则认为人的欲望是行为的动机。他们认为，人的食欲，情欲及其他一切欲望，使人作出各种行为；他们认为，人的欲望可以战胜理性而使行为完全摆脱理性的支配。还有一派人的意见，则认为人的行为是受特定的社会地位及社会利益所决定的——不同的阶级，有不同的社会利益，这就决定了不同阶级的人作出不同的行为。有这种意见的人，特别强调人的行为的阶级性，并认为人的动机归根结底要由他们的行为的效果来检验。

所有这些不同的观点，都在历史上以或多或少的程度发展着和变化着。尽管他们之间产生过一系列的争论，但他们有一个共同点，就是认为人的行为都是有目的、有意识的。

罗素对于伦理学问题本来是没有什么兴趣的。他在青年时代专心致志于数学与哲学。但是，到了 20 世纪初，第一次世界大战的阴影笼罩着整个欧洲。战争的恐怖以及各种人对战争的狂热，使他的注意力从哲学和数学转向社会政治问题和伦理学问题。

罗素在第一次世界大战中亲眼看到了某些政治家们狂热鼓吹战争的状况，他也亲眼看到了许多平时与他相好、并受到他尊重的人，一下子变为狂热的战争鼓吹者。

面对这样的现实，罗素不得不深思这样一个问题：这些人鼓吹战争的目的是什么？他们为什么从平时温文尔雅、有德性的人一下子变成为战争狂人？难道他们不知道战争会破坏文明、造成妻离子散和家破人亡吗？作为政治家，鼓吹战争还情有可原，因为那是有某种政治利益在鼓动着他。但是，为什么连罗素所尊敬的朋友、学者、仁慈而善良的老人也支持战争呢？为什么当罗素坚持反战、坚决和平解决争端时，他们不但不听取罗素的那些有充分道理的劝告，反而对罗素的这些理性的言论进行攻击，以致不惜使原来与罗素的友谊发生破裂？所有这一切，使罗素觉得，人们赞成战争的行为是没有什么道理可言的，他们的行为是违背理性的，也是违背他们的实际利益的。

这一切现象，使罗素觉得，人类行为的动机并不受理性或利益所支配，也没有什么明确的目的。人的行为的动机不过是一种本能、一种生理性的动作罢了。

罗素在《社会重建原理》（*Principles of Social Reconstruction*）第一章一开头就说：人们经过第一次世界大战，在信仰和希望方面都发生了很大的变化。虽然，变化的程度随各个人的性格和境遇而有所不同，但有一个共同的地方。罗素说，他从第一次世界大战所觉得的第一件事便是人类行为的动机观——即人类由什么动机而行动并怎样才能引导和修正这些动机。

人类行为的动机到底是什么呢？照罗素看来，便是对人的本能力量起着最大的鼓动作用的冲动（impulse）。他说，战争的真正的原因是因为多数人抱着不好调和而好争斗的冲动。他进一步把冲动说成是一切行为的动机。他在上述同一本书中说："冲动一方面是战争的原因，另一方面也是科学艺术恋爱的原因。"

罗素从前虽然主张过理智万能，但察看第一次世界大战爆发的原因，总觉得理智的力量不及冲动的力量大。从前有一部分哲学家虽然说人类行为的动机是欲望，但在罗素看来，欲望只支配人类的一部分行为，却不支配人类的全部行为。所以，他说："人类的一切行为原本是从两个根源产生的：一是冲动，一是欲望。……但是，欲望只支配人类行为的一部分,而且不是重要的部分。这部分乃是最有意识、最明了、最文明的部分。"⑫他认为,人类行为的更大部分是发自自然的、无意识的和无目的的冲动,这些行为并不受有意识的欲望的支配。他举例道,一个小孩一边走一边叫喊,并不是他要寻求什么好东西,他完全是没有目的的、无意识的,而是由一种"叫"和"走"的冲动所刺激,这就像一只狗一边跑一边叫一样无意识、无目的。除此而外,罗素还认为,人的饮食、恋爱、争斗、傲慢等行为,也不包含什么明确的目的,不过是为冲动所驱赶罢了。罗素曾说,鼓动着大多数人作出某种行为的基本动机(the fundamental motives)是"贪婪"(acquisitiveness)、"虚荣心"(vanity)、"争斗"(rivalry)和"权力迷"(love of power)。他举例说,在政治生活中,人的行为的发动机就是上述四种冲动。

罗素曾在 1950 年发表的《诺贝尔奖的演说》(Nobel Prize Acceptance Speech)中说,"虚荣心是追求无限权势的动机。"罗素举例道:在文艺复兴时期,意大利有一个小王子,临死时一位神甫来到他的床前,问他有什么事值得后悔。他回答说:"是的,有一件事。有一次偶然的机会,我得以同时陪同皇帝和教皇去参观。我把他们带到我的塔顶去观看风景。但我忘了把他们俩从上面推下去,不然的话,我就可以流芳百世。"罗素由此得出结论说,这个幼小的王子的虚荣心是一种连他本人都无法说明的"冲动"。罗素还举了很多例子说明有些人在干坏事时,并没有什么充分的意识或明确的目的。他说,他有一次结识了两位从爱沙尼亚逃出的女孩子,他让她们住在他的家里,吃得很好,但她们竟把所有休息时间耗费在游玩中,到隔壁的农场去闲逛,并偷了那里的土豆。

罗素还列举了各种本能的冲动,说明人的行为在许多主要方面都受冲动的支配。

　　不仅如此,罗素还认为,人类行为不仅主要由冲动所支配,而且这些冲动本身是盲目的,无目的和无规律的。

　　他认为,冲动按其性质而言,是盲目的,无缘无故的。谁也无法说明这些冲动是怎样产生的,就连产生冲动的人本身也说不清楚。经常有一些平时行为高尚的人,有时也会在特定情况下,在内心里产生莫名其妙的冲动。有的冲动从内心变为行动,但有的冲动是隐藏在内心的。也就是说,有些冲动有时是自生自灭的。又有时,有些冲动是反复出现的;有的因在内心中反复出现又反复自行消亡,但有的反复变为行动。所以说,很多冲动是没有想到后果的,是很难预先料想到的。罗素由此推论说,人类的行为同动物的行为并无多大的区别,就像前面所举的小孩边走边喊的行为同小狗边走边叫的动作一样。

　　既然冲动是盲目的,无从把握和无从支配的,所以,冲动是不可排除的,是无法克服的。一个人,在他的一生中,往往被各种各样的冲动所占据、所驱使,唯因如此,才构成人生的多样性、复杂性、变化性。在一个人的一生中,如果不存在、不发生冲动,那是不可设想的。如果人生道路上,没有冲动,那么,生活将是僵死的、冰冷的、无味的。

　　正因为这样,罗素并不主张人为地、勉强地或伪善地压制冲动或否认冲动,而是要利导它,使它不要朝死亡、荒废的方向走去,而是有利于生活的成长的方向发展。罗素认为,企图用意志或借经济手段来强制和压制冲动,是毫无希望的。

　　正因为这样,罗素实际上主张用绝对的自由主义来支配生活。他反对使人的生活朝着一定的目的,也反对使人的生活为某一目的而牺牲。如果让一种固定的生活目的或欲望来支配生活,就等于强制冲动或压制冲动,那就等于剥夺了一个人自由生活的权力,剥夺了人民享受幸福的权利。

罗素是一个反共产主义者,他多次公开宣布自己不满意共产党的统治。1920 年他参观苏联,曾会见过列宁(Vladimir Lenin,1870—1924)、托洛茨基(Leon Trotsky,1879—1940)、加米涅夫(Lev Kamenev,1883—1936)、高尔基(Maxim Gorky,1868—1936)等人。参观回国后写出了一本书——《布尔什维克的实践与理论》(The Practice and Theory of Bolshevism)。他认为共产主义的一个毛病就是强迫人民压制自己的冲动,并使人民的生活都朝着一个目的去发展。罗素说:"全国国民如照这样生活,这种国民必定衰弱,遇到阻止欲望的障碍物,便不能有充分的力量去把它打倒。"

罗素认为,既然冲动是压制不了的,那么,压制的结果必定是引来一种新冲动。但新冲动往往是比原来的冲动还坏、更有破坏性。这就像河水向前奔流的一样,如果不阻止水流,它就会自然地流啊、流啊,一直流到大海。如果要阻止河水的奔流,必然使水流产生更大的反作用,这反作用比原来的水流更具破坏力。问题不在于阻止河水奔流,而在于疏导它、引导它流向正确的方向,引导得好,冲动反而会促进人的生活的发展,促进社会的发展。

罗素说,过度的节制,外来的强制力,只能招致更残忍的反抗行动。罗素曾经主张,儿童在成长的过程中,不能过多地压制和干涉他们。他在 1927 年同他的第二任妻子多拉(Dora Black)创办了毕肯山小学(Beacon Hill School)。这所学校实际上是罗素进行的一次社会改造和教育制度改革的实验。他在那所学校里主张让孩子们自由自在地成长,他所依据的理论之一就是上述的所谓冲动论。他说,从观察看出,压制的儿童将使他们的心理积聚着一种破坏力,总会有一天要爆发出来。有一次,一个小孩欺侮一个更年幼的儿童。罗素问他:"你为什么要打比你小的孩子?"那个打人的小孩说:"因为大孩子打我。"罗素以此为例,说明一个人受到压制时将会产生什么样的破坏性行动。

罗素在研究国家制度时,把他的这种观点应用到更大的社会问题上。他在 1934 年曾系统地从历史的观点研究这个问题,写出《自由与组织:1814—1914》(Freedom and Organisation 1814—1914)这本书。在这本书中,罗素列举了大量历史事实说明极权主义的国家制度如何剥夺个人的自由,以致造成人民的更大的、具破坏性的反抗力。他集中地抨击军国主义国家制度在这方面的危害。他认为,如果没有第一次世界大战这样一种破坏人性的社会大浩劫,就不会产生更具破坏性的德国军国主义,而德国军国主义的产生又导致更严重的第二次世界大战。

总之,冲动是人的行为的发动机和原动力,是不可抑制的自然本性的表现。它并没有什么规律,完全是由个人的一时一地的感情和要求所鼓动;而一旦产生出来,它就要像野马一样奔驰,想要控制也控制不了;即使用强制的方法加以控制,也必然招致更大的冲动。

罗素的这种以冲动观为基础的伦理学体系,其产生是有一定的社会历史根源的。也就是说,它的产生不是偶然的。这种伦理观的目标一方面是要推翻那些假装文明的"正人君子"道德,另一方面也是对于马克思主义的共产主义道德观的消极的反抗。自从 19 世纪末 20 世纪初以来,欧洲各国社会矛盾不断激化,有些人为了保存旧的社会秩序,以虚伪的面目,极力鼓吹那些本来没法实行的道德原则,又有些人主张用强力控制人性的发展;马克思主义则主张用社会主义革命改造社会。罗素都不赞成这种观点,他主张人性听其自然地发展,进行正确的引导。

罗素一方面主张不用意志或强力抑制冲动,另一方面又主张正确地引导冲动,他一方面承认冲动是一种本能,另一方面又认为本能是可以改变的。他曾经说过："人类各有各的自然本性,并可借外界的境遇,养成一定的性格。就是性格中的本能部分也是可以训练出来的。或由信仰,或由物质的条件,或由社交的活动,或由文化制度,都可以使本能发生变化。"⑬由于这个问题涉及罗素的整个社会政治观点,所以,将在下一章介绍罗素的社会政治思想时进一步详细论述。下面先集中地论述他的"冲动说"的具体内容。

罗素把冲动分为两种:① 占据的冲动(possessive impulse);② 创造的冲动(creative impulse)。所谓占据的冲动是争夺权力、财产、荣誉的那些冲动,因此这种冲动是向死的方向进行的;所谓创造的冲动是寻求知识、艺术、爱情、建设活动的那些冲动,这是向生的方向发展的冲动。

这两种冲动,不论在个人方面,还是在社会方面都是互相消长的,彼此矛盾和斗争的,相互制约的,相互渗透的。因此,一个人的行为,往往都不是那么简单、那么单纯,似乎一旦产生某种创造的冲动,便可始终产生创造性的行为。反之亦然——并不是一旦产生占据的冲动,便始终都发泄出那一系列破坏性的行为。实际上,创造的冲动同占据的冲动是彼此影响,相互牵制的。比如一个发明家,在创造的冲动的鼓动下可以发明出新的产品,但也可能当他快要成功的时候,他的思想深处冒出一种占据财富和荣誉的冲动,使他的创造发明活动变成为追求利润和荣誉、为满足个人发财和虚荣心的行为。这样一来,占据的冲动就慢慢地会遮盖住创造的冲动。反之,一个惯窃,出于占据金钱的目的,产生了破坏性的偷盗行为,有时,他会突然良心发现,一时感到羞愧或懊悔。这两种冲动相互渗透的结果,往往是其中的一种占上风。但两者消长的过程,并没有固定的规律,也就是说,创造的冲动和占据的冲动相互消长,要看周围的条件及个人的本能决定。在这里,引导和劝告有时会起作用。

（1）他把动机看作是纯粹的自我冲动。就这一点来说，他的伦理学观点仍然属于唯心主义的体系。

（2）他认为人的冲动，即行为的动机是毫无规律的，无法控制和支配的。

（3）他认为人的冲动是充满着矛盾斗争的，是可以改变的。

（4）他的动机观如同他的哲学的其他部分一样，是前后矛盾的、多元的。

对于罗素的动机观，人们的看法是不一致的。公正地说，他的观点有正确的方面，也有片面之处。如上所述，罗素提出的动机观是有一定的社会历史条件。他对第一次世界大战的爆发以及战争中作战双方的非正义性深恶痛绝，他也对自第一次世界大战以来各国社会道德的日益败坏感到不满，因此特别强调人性中的消极的冲动所起的破坏作用，并把它归结为兽性。在他看来，人类固然有理性，但在许多情况下，理性往往不起作用，人们也很少用理性指导自己的行为。相反地，人类在此较多的情况下是由所谓"占据的冲动"来支配行为。为了占据别人、别国的财富，为了抬高自己的声誉，为了掌握更大的权力，不顾理性，不顾人民的幸福生活受到破坏，疯狂地发动战争。罗素认为，第一次和第二次世界大战的爆发，以及社会上越来越多的丑恶行为的发生，是占据的冲动疯狂发作的结果。所有这一切，说明罗素的上述动机观尽管是唯心主义的，但它是针对不道德行为而发的，仍有一定的进步意义。

但是，罗素片面强调了动机的本能及其自然本性，似乎人的行为的动机完全是不可捉摸的、发自内心的精神力量和感情因素。这就很可能导致神秘主义、不可知论和反理性主义。事实上，罗素自己也确实感到了神秘主义和不可知论对他的伦理学的侵蚀，使他感到苦恼，找不到解决问题的有效途径。这种困境,使他的动机观前后不一贯。他一方面强调动机是纯粹感情上的冲动,是不受理性和欲望支配;另一方面,他又把冲动分为占据的冲动和创造性的冲动。所以,到头来,他还是承认人的冲动是受外在的物质利益的引诱和支配。因为非常明显,所谓占据的冲动,无非就是"欲望"、"物质利益"的代名词。因此,归根结底,罗素又回到了现实的物质世界,并不得不承认:人的行为的动机,并非如他自己在当初所宣称的那样是一种纯粹的感情上冲动,也不是如他所说的那样是与现实社会生活无关系的纯主观意识,更不是无目的、无意识的感情用事,而是为"占据财富、荣誉、权力"等社会利益所驱使,换句话说,是有明确目的的。

第四节　善 与 恶

罗素说:"自从 1914 年 8 月(即第一次世界大战爆发)起,我就坚信要使人类进步,唯一可靠的办法是增加人性中的善的感情,并减少人性中的残暴。"⑭

这就说明,罗素尽管强调人类的行为的动机多半是占据的冲动,但他还是承认,人类的冲动是可以用各种方法加以利导的,是可以为人类谋福利的。他的关于善与恶的观点,是以上述动机为出发点,但又不限于动机论本身。这是因为,他承认在人类的生活中,不仅有冲动,而且有理性和感情,一个人的行为,并不单纯受冲动支配。人的行为毕竟是冲动、理性和感情三者的合力所决定的。一个人能否行善,归根结底,取决于三者的调整朝什么方向进行。野心家是占据冲动的支配的野兽,在那种人那里,理性与感情几乎消失殆尽。因此,这种人把占据的权力放在至高无上的地位。与此相反,仁慈的人是有理性和感情的,他能用自己的理性和感情去引导自己的冲动。正如罗素所说:"善的生命是由爱所鼓动并由智慧来引导的生活。"

由此可见,罗素认为,只要虚心地追求知识,并用科学知识武装自己的头脑,用理性控制自己,使自己创造的冲动超过占据的冲动,用仁慈的感情去对人,那么,人人都可以行善。罗素自己就是为人们树立了这样一种行善的榜样。罗素自己曾说:"有三种单纯而强烈的热情曾经支配我的一生,那就是对爱情的渴望、对知识的追求和对受苦受难的人怀抱着情不自禁的同情。……爱情与知识,就它们可能的范围内,总是把我引领到天堂的境界,面对广大受苦的人们的同情却经常把我拉回到现实的世界来,因为那些痛苦的呼喊经常在我内心的深处引起回响。"在这里,罗素告诉我们,纯真的感情、对真理的追求和仁慈的善心,如果时时紧密地结合在一起,就可以使一个人的生活成为富有意义的人生。诚如罗素所说:"这样的一生是值得活的,如果有人要给我再活一次的机会,我将会欣然地接受这难得的赐予。"

罗素尽管谴责人类当中兽性横行,但他相信善行仍然是人类的希望和愿望。所以,他揭露人类的占据的冲动的本能,并不是因为他容忍暴行,更不是为人类的暴行辩解,恰恰相反,他是在揭露这种暴行的丑恶的本质,希望人们行善。他在两次世界大战中,都坚决地反战,揭露战争的非正义性,并把第一次世界大战中的作战双方比作两条恶狗在打架。他说:"当两只狗在街上打架时,没有人会以为它们是为了某种高贵的目标而奋斗,只不过是受瞬间的本能的驱迫罢了。他们打架的唯一原因是彼此臭味不相投;就是为了这一点,引起了它们彼此的愤怒。这是街狗打架的事实,同时也是现在正在进行的国与国间战争的事实。"罗素为了同他所认为的丑恶行为作斗争,不惜两次坐牢,不怕受孤立。他说,他宁愿被周围的朋友抛弃而孤独,也不随波逐流。

　　大家知道,罗素是言行一致的人。一般地说,他所主张的往往是他所作的行为的张本。他从不会主张那种根本做不到的、表面上令人肃然起敬的"高尚"道德。关于善与恶的问题,他也抱同样的态度。他所主张的,是符合人情和理性的善,而不是哗众取宠的那种"德行"。他极端蔑视传统的、虚伪的道德。他生活在英国,他的祖母是一个虔诚的基督教徒,但他并不认为基督教的原则是符合道德的。因此,他公开声言他不是基督教徒,因为他根本不相信基督教所崇拜的神,同时也不认为基督教的教义是符合人性、符合情理的。有一次,他心爱的小儿子康拉德生重病,罗素带着有病的孩子问一位主教,"他为什么得病?"主教说:"因为他从来没作过丑恶的行为。现在,在他生着病时竟遭此诬蔑,实在太残忍了! 他有什么罪?"罗素主张,人与人之间必须友爱相待,相互同情,最好要达到融为一体的地步,建立起全世界范围内的友爱大家庭。如果把所有的人,连不懂事的小孩子也说成有罪的,那么,结果不是只能引起相互仇恨、彼此残杀吗?

　　罗素主张,每个人应该为人善良,要使自己的行为不违背良心。他所说的良心,实际上就是上面所说的人情、理性和知识的结合物。但是,细致地说,所谓良心,他也是没有下过明确的定义。他经常讲,他有时仿佛听到了"上帝的声音",也许这所谓"上帝之声"就是"良心"的形象说法。其实,所谓上帝之声也是很抽象的、难以捉摸的。用常人的话来说,就是要符合情理、仁慈、主持正义。

　　综上所述,如果把罗素的善的概念加以通俗的理解的话,那么,他所要求的,就是希望每个人都凭良心做事,每个人要用创造的冲动去代替占据的冲动,要用纯真的爱情和对真理的追求去代替贪得无厌的欲望。

　　罗素到 1954 年出版了他的《从伦理学与政治观点看人类社会》

(*Human Society in Ethics and Politics*)一书。在这本书中,他坦率地表示他并不喜欢他自己的主观主义的伦理学观点。他写道:

> 当我说"残酷是恶"的时候,实际上我的原意是说我不喜欢残酷而已。一想到这点,我就觉得这是一件不能容忍的事情。

因此,他孜孜不倦地想发现一些客观的道德标准。结果他说,"合理的欲望将是那些能与很多其他的欲望相调和的一种欲望。"

"调和"一词是来自莱布尼兹哲学的一个概念。罗素曾在《社会重建原理》一书中一再阐释这一概念的含义。他认为,只有"创造的冲动"才符合"调和"的原则,而"占据的冲动"是违反"调和"的原则的。

换句话说,罗素的意思是说,凡是能使你快乐,同时又不会伤害别人的事情,你都可以随心所欲地去做。但是,绝不可把自己的快乐建立在别人的痛苦之上。因此,他说:"只有与众同乐才是最大的快乐(或善)。"例如,如果有一位孩子把一盒巧克力分给全班的同学吃,所得的快乐的总和,一定比他一个人独吃而生病更大、更多。因此,慷慨是善,自私是恶。

罗素的伦理学并不归结为功利主义。他曾经试图给传统的功利主义增加一项衡量痛苦与快乐的均衡程度的方法。他说:"只要你不在乎你是否二者俱有或二者俱无,那么,就说明痛苦与快乐没有什么不同了。"由此可见,罗素的哲学倒是更接近于享乐主义(hedonism)。

罗素曾大肆抨击苏俄和美国过于崇奉功利主义原则。实际上,他所要强调的是要尽可能地使每个个体都享受到他们本身应有的快乐。

罗素的所谓"调和的欲望"并不是纯粹的学术观念,而是实际生活的指导原则。有一次,他说,调和的欲望指的是政治和社会信仰的实践原则。就在《从伦理学与政治观点看人类社会》那本书中,罗素讨论到最后,得出结论说,他所发现的伦理原则并非属于"知识",而仅仅是日常生活中的"指导原则"(Guiding Principle)而已。在这一点上,罗素对伦理原则的看法有点接近康德。

罗素曾在一次广播讲话中说:"哲学家喜欢对最终的伦理价值和道德的基础问题作无边的苦思。我自己的信念是:就政治和实际生活而言,我们可以把这些困惑完全扫荡,而代之以一般常识就行了。我们大家都有衣、食、住的欲望和需要,也有免于伤害的安全感、幸福、生之乐趣、自由等的需要。"他在《从伦理学与政治观点看人类社会》一书中更明确地说,"政治方面的主张,通常很少需要诉诸伦理的考虑。因为一种开明的利己,自然会提供与一般的善相符合的行为动机。"但是,我们日常生活中的每一个行动,并不能像计数机那样可以预卜当然的结果。

总而言之,和其他方面一样,罗素在伦理学上也是这样:他提出的问题远远超出了他的解答。1943 年,罗素曾经坦率地说:"我对自己在伦理学方面的结论并不感到满意,对其他人在这方面的结论则更加不满意。"他想要使伦理学成为科学,但无能为力。

第五节 科学与道德

前面已经提到,罗素认为,一个人的生活应该把追求真理同行善结合起来。这样的生活才是有意义的。如果全世界的人,都照这样生活的话,世界就会走向永久的和平和幸福。当然,现在看来,人类距离这个目标还是很远,但是,罗素相信,这一目标终究是可以实现的。

但是,道德问题和科学问题毕竟是不相同的,而且,要使真理与善结合在一起,也并不容易。为了使每个人懂得如何把两者结合在一起,既要弄清楚两者的区别，又要懂得把两者结合在一起的基本途径。

首先，我们应该承认，伦理学与科学研究毕竟不相同。第一，两者研究的对象根本不同。科学所研究的是物质世界及其具体规律，而伦理学所研究的是人类的行为的动机和效果以及人类行为的规范；第二，两者所采用的研究方法不同。科学可以采用精确的实验和论证手段，而伦理学无法采用这种实验和论证手段，只能采用间接观察和分析的手段；第三，两者的研究宗旨不一样。科学是为了扩增人类知识，伦理学是为了提高人们的道德水平。

罗素认为，伦理学不能并入科学的范畴，因为伦理学的对象、方法和宗旨都与科学截然不同，但不能因此而取消伦理学。伦理学虽然不是科学，但它对于人类来说是绝对必要的，为什么呢？罗素说："人是社会动物，不仅会对发现这个世界感兴趣，而且，实际上，人的活动的一个重要内容就是在这世界内行动。科学所关注的是方法，我们在这个世界中行动，却要处理目的。由于人有社会聚集性，人便面对着伦理的问题。科学能告诉他某种目的是可用某种最好的方法达到，但科学不能告诉他：应该追求一个目的，不应该追求几个目标。"⑮

在人类历史上，关于伦理学同科学的关系，许多哲学家都曾经提出过不同的见解。如前所述，在古希腊时，柏拉图（Plato，428/427 - 348/347BC）就认为，伦理的和科学的，终究是会结合在一起的，他认为善与知是同一的。按照柏拉图的理论，灵魂是万物的根据，而灵魂又是由理性、意志和感情这三部分所构成的。他认为，理性是最高的美德——智慧——的基础；意志是勇敢的美德的基础；克制感情是节制美德的基础；第四种美德——正义——是前三种美德，即智慧、勇敢和节制的和谐的结合。在柏拉图看来，道德生活的最高表现就是智慧和勇敢。在柏拉图之后，他的学生亚里士多德改造了柏拉图的伦理学思想。亚里士多德说："虽然柏拉图和真理都是我所尊重的,但神圣的职责使我更尊重真理。"在亚里士多德看来,伦理学问题应该和人们的社会生活问题紧密地联系起来考察。他认为,伦理学是关于人这个社会动物——"政治动物"——的道德的学说。根据亚里士多德的伦理学,德性(virtue)本来只存在于可能性之中,但社会生活把它变为现实。所谓有美德,就是在自己的生活中避免过分和不足——所谓道德就是要求人遵守一定的尺度,即不多不少,处在不同的社会地位的人,其所必须遵守的尺度也不一样。

在柏拉图和亚里士多德之后,伊壁鸠鲁(Epicurus,341—270BC)对伦理学的发展作出了巨大的贡献。伊壁鸠鲁认为,人的生活目的就是快乐,而为了使人类自由地享受幸福的生活,必须同对死亡的恐惧进行斗争。所谓享乐就是没有痛苦,他说："因此,当我们说快乐是最终的目的的时候,我们并不是指某些人所想的那样放荡者的快乐或肉体享受的快乐。这些人或者不知道,或者不同意,或者是曲解我们的意思。我们所谓的快乐是指身体的无痛苦和灵魂的无纷扰。"⑯伊壁鸠鲁主张,人的情欲必须服从理性。

自从柏拉图、亚里士多德和伊壁鸠鲁以来,哲学史上和伦理学史上没有停止过关于伦理学原则问题的争论。我们将会看到,罗素关于伦理学及其与科学研究的关系的学说,是在总结以往哲学家和道德家的研究成果的基础上提出的。

罗素一方面研究了历史上不同哲学家的见解,也仔细地考察现实生活中的人的各种行为。他认为,柏拉图把道德与科学结合在一起作为理想和目标是可以的,但问题在于:现实生活并非如此简单。他认为柏拉图的观点过于乐观。据罗素观察,知道得最多的人,也就是科学知识最多的人,有时却会把他的所知用于恶行。无论如何,一个人的知识愈多,并不意味着他已经解决了他的知识中所出现的一切问题,更不能表示他已经懂得或做到把自己的知识用于造福人类的事业。罗素在他的许多著作中,特别是在 20 世纪 50 年代后的许多反对核武器的论文中,反复地揭露了有些科学家自觉或不自觉地把自己的科学研究成果用于毁灭人类的丑恶行为中。因此,他认为,关于道德与科学相结合的问题,是伦理学所要研究和解决的迫切问题之一,是在现实生活中还没有解决的道德问题和社会问题。

罗素认为,要使两者和谐地结合在一起,首先必须承认两者的区别。在这一点上,罗素倒是倾向于拥护 14 世纪英国经院哲学家奥卡姆(William of Occam, 1287—1347)的观点。奥卡姆认为,知与德是互相独立的。在当时的情况下,奥卡姆提出这个论点是为了揭露教会借着"拯救灵魂"的名义去干涉世俗的科学研究。他认为,这样做是有利于国王的统治的,所以奥卡姆曾对当时的国王说:"你用你的刀保护我,我用我的笔保护你。"罗素推崇奥卡姆的这种坚持真理、维护正义的立场。他认为伦理问题是关于意志与动机的普遍性问题,是与知识问题有本质区别,不容混淆。如果不加考虑地把两者混淆起来,就有利于宗教神学打着道德说教的旗号干扰理性的王国,也可能会使各种各样的野心家以种种借口滥用科学。

但是,这并不是说,知与德全不相干。罗素认为,理智是能克制并指引意志和感情的。然而,归根结底,对择取目的来说,意志是起决定性的作用。基于这样的理由,罗素认为,对于我们的行为所追求的目的,对于我们在行为中所采取的伦理原则,我们是不能给予科学的论证或辩解,像科学所作的论证那样。

既然这样,道德行为就不存在"善"的标准了吗?就无法证明各种行为的善与恶了吗?不是的。罗素认为,伦理行为不能得到科学的论证与善恶不分、黑白颠倒是两码事。人的行为毕竟有善恶之分,一个人为了占据财富、权力的目的,胡作非为,伤害别人,当然是恶的;一个人为了主持正义,不怕孤立、不怕坐牢(像罗素自己所作的那样),当然是善的。

所以,问题在于人的行为的善恶,不是由科学论证来决定的。比如说,一个人干尽坏事,但为自己的恶行辩护可能头头是道,在逻辑上无懈可击,毫无破绽,但这不能证明他是善的。同样地,一个人做了好事,但说不出能说服人的道理,也不能证明他是恶的。这就是说,在道德领域上,善恶行为不是以科学论证的好坏来区分。

是否符合道德,就是要以前面提到的"良心"来评判,要以是否属于"创造的冲动"来决定。罗素说,关于良心、"创造的冲动"乃是发自人的本性的意志,是无法用科学方法来检验和论证的。

伦理学原则和道德行为的一个出发点,就是要求人们的所作所为必须符合良心(或"上帝之声")和"创造的冲动",必须是"应该如此"的行为。这个"应该如此"的行为是人人公认的道德前提,就像数学中的公理一样,它是出发点,但又无法证明。人类只有默认这个"应该如此"的行为的伦理学的前提,这个社会才能维系下去。所以,如果说伦理学也存在论证的话,那么,这个论证就是以那些"应该如此"的善行标准作为无须证明的前提。这样,无论这些伦理的前提是什么,我们都可以借此作依据,去论证我们为什么要遵守这样或那样的原则,为什么这样或那样的行为是符合道德的。

有人说,不同的人的利益不同,因此,不可能得出一个为全体人类所普遍接受的伦理前提。当然,在日常生活中,确实存在这样的事实,对同一个问题,不同的人持不同的态度,正确与错误的标准也不一样,岂但不同,甚至完全对立。正因为这样,关于共同的道德标准问题,一直是争论不休的。

罗素认为，人在社会地位、才能、机智、见识等方面都有很大的不同。但是，自从人类进入文明社会以来，还是存在一些普遍行之有效的原则。这种原则，对于不同地位，不同利益的人来说，都是普遍适用的。例如，"勿偷盗"这个原则，对于不同时候，不同阶层的人来说，都被公认为有道德；尊敬长者，也是一种公认的道德原则。

但是，所有这些道德原则都是找不出科学的道理来论证的。比如说，为什么残酷地迫害某人是一件坏事？残害人，这是坏事。罗素自己也很同意这个原则。但他就觉得自己提不出任何能令人满意的理由。

罗素的上述观点并不是新鲜的思想。他所极力反对的康德就曾经主张把道德问题同认识问题区分开来。康德说，道德问题是属于"绝对命令"（categorical imperative），这是出自良心的绝对无条件的道德律。在道德领域不存在认识与不认识的问题，而是"应该"和"不应该"做的问题。凡是出自人类良心的道德律，都是"应该"做的。罗素的道德思想，基本上沿袭了康德的上述原则。

在上述原则的基础上，罗素又吸收了古希腊哲学家苏格拉底（Socrates, c. 470—399BC）等人的主张。苏格拉底认为，一个人所知道的全部知识是非常微小的，因此人没有理由自满，无私的、忘我的研究就是善。苏格拉底曾经用讥讽的方法，引导人们承认自己的无知，然后，在此基础上，他用所谓"助产术"启发他的听讲者"再生"，认识到"普遍的东西"是"真正的"道德的基础。按照苏格拉底的意思，哲学的怀疑（"我知道我一无所知"）应该导致自我认识（"认识自身"）。经过自我认识以后，苏格拉底用"归纳"法，对一些个别的"美德"行为进行分析和比较，以便寻找"一般"。这是一种阐明各种伦理概念的方法。苏格拉底力图借助归纳来确定一般伦理概念的意义。因此，他把一些个别的道德行为作为例子,通过这些方法来揭示他所确定的概念的本质。在他看来,"定义"就是把单一的概念归到"一般的东西"中去。苏格拉底所采用的这一整套方法——"讥讽"、"助产术"、"归纳"和"定义"——是为建立一个伦理学原则体系服务的。在这个伦理学原则体系中,把无止境地追求知识看作是最高的道德标准——至善。罗素认为,在现代文明社会里,固然道德原则是无法证明的,但是,人们只要承认上述所谓道德前提,并在追求真理的过程中,始终把这些假设的道德公理——符合良心的行为原则——同追求知识的努力结合起来,这个世界是大有希望的。

根据这样的原则,罗素要求人们,一方面要尽其能力追求科学研究的独立目标,专心致志地追求真理,进行创造发明;另一方面,"在伦理学的意义下,必须考虑将发现、发明趋于善而不害人。"

因此,罗素最后还是强调,要把道德问题同追求真理结合起来。他认为,在这个时代,这个问题更加有迫切现实的意义。他说:"人类由于科学和技术的进步,已和罪恶扯上难以分开的关系,并且可以说没有和美德做充分的配合。"不解决道德和科学的结合问题,这个世界就不可能安宁。

注释

① 罗素:《我的信仰》,台北远流 1989 年版,第 3 页。
② 同①,第 11 页。
③ 同①,第 12 页。
④ 同①,第 15 页。
⑤ 同①,第 15 页。
⑥ 同①,第 16 页。
⑦ 同①,第 20 页。

⑧ 同①,第 20 页。

⑨ 同①,第 21 页。

⑩ 同①,第 40 页。

⑪ 同①,第 250 页。

⑫ 罗素:《社会重建原理》。

⑬ 同⑫。

⑭ 罗素:《回忆集》。

⑮ 同⑭。

⑯ 伊壁鸠鲁:《给美诺寇的信》。

第
4
章

社会哲学

第4章

社会哲学

第一节 个人与自由

罗素毕生为争取个人自由而斗争。他一再强调，他所维护的人的权力和自由，不是某个国家的人的自由，而是在一切国家——资本主义、社会主义、帝国主义、封建主义——的人的自由。他的最高理想，就是使人们都无例外地享受到自由。他认为，自由的生活是人类迅速增长知识、发展科学、改良道德、改造社会的前提。人只有享受了最大的自由，才能使每个人各尽其能、各专所长、各得其所，才能最大限度地发挥每个人的积极性，人类这个共同体也才能发出最大的能量。没有自由，一切理想，即使再好，科学即使有所发展，生产即使有所提高，也无济于事。没有自由，科学越发展，反而越成为少数野心家手中残害人民的工具；没有自由，生产越发展，越成为少数贪财者剥削人民、过着荒淫无耻生活的条件。

罗素曾经宣称，他理想中的社会，具有四项条件：

第一，我希望我们人类有避免灾祸、寻求安全与和平的能力，例如能避免威胁人类生存的核子战争。

第二,希望能消灭全球的贫穷。

第三,希望通过和平与经济的繁荣,能使人类的容忍精神与仁慈的感情都普遍地发展起来。

第四,在不伤害社会的条件下,使个人有充分发挥其创造力的机会。[①]

在以上四项中,后两项是较为重要的。在罗素看来,没有容忍和仁慈,没有个人的发挥创造力的自由,理想的美好社会是无论如何也达不到的,个人的创造力(initiative)是社会赖以存在和发展的基础。整个人类历史表明,哪个社会容忍个人创造力发展的程度越大,哪个社会的发展就越快,人民的生活就越幸福;反之,哪个社会压制了个人创造力的发展,哪个社会就发展缓慢,人民生活就会陷入痛苦之中。我们在以下将会进一步看到,罗素主张个人自由,主张尽量地发挥个人的创造力,在任何意义上都不是说,他反对任何组织、反对任何权威。罗素从来不主张绝对的自由,他反对无政府主义,他也反对以发挥个人自由、发挥个人创造力为借口,去侵害别人创造力的发挥或侵害别人的自由。

所以,罗素的自由观实际上包含以下四个基本内容:

第一,社会是由个人组成的,个人是社会的细胞,因此,维护个人的自由和权力是社会发展的前提和条件。个人自由的发展程度是社会的进步程度的标志。

第二,个人自由归根结底是对每个人的容忍、仁慈,就是尊重每个人的生存和自我发展的权力,就是发挥每个人的创造能力。凡是残害个人,剥夺个人的生存权和发展权,压制个人创造力的发挥,就是危害了个人自由。

　　第三,要创造条件使个人同个人的共同生活以及他们的生活能力,都得到最大限度的发展。

　　第四,一个人同他所属的那个群体的共同生活的发展,要在不牺牲别人或别的群体的条件下实现。

　　从以上四点看来,罗素的自由观是以个人创造性的发挥为基础和出发点的,又是以个人创造性的最大限度的发挥为归宿点的。

　　人是有生命的。任何有生命的东西,连最小的蠕虫都有寻求发展、成长的趋向和力量。个人作为人类生命的一个基本单位,首先要有发展和成长的条件。一个人活着,如果得不到发展的机会,就等于没有生命。设想古代的奴隶,没有一点人身自由,尽管活着,也只配作"会说话的工具",与一把铁锹一样。这样的人,与其活着,不如死去。既然有生命,又得不到发展的机会,其结果,比没有生命还痛苦。这就是为什么在现代社会里,即使有高度发达的文化和科学,即使有高度完善而舒适的设备和条件,也会不断出现自杀者。须知,这些自杀者,在许多情况下,是因为寻找不到使自己的生活得到发展的机会,被逼到绝境的时候,才不得不自杀的。

　　然而,人不仅是有生命的,而且是有思想、有灵魂的。他不仅需要物质上的生活条件,也需要精神上的生活条件。如果一个人仅仅在生活上有充裕的物质条件,但在精神上受到限制和压抑,也同样是无异于行尸走肉。设想一下,一个高级的政治犯,被监禁在一个物质条件优越的牢房里,他尽可以吃得饱、穿得暖,但失去了行动的自由,这样的生活又和动物园里的动物有什么两样呢?

　　人生活在世界上,就要生活、工作、劳动、学习、研究、休息和娱乐,在所有这些方面,如果失去了自由,就等于虚无,或甚至比虚无还坏、还痛苦。因此,罗素把个人的自由看作是生活的最基本的前提。

个人的自由不仅是个人生活的基本前提,也是社会存在和发展的基本条件。罗素在研究自由问题时,总是从社会和历史的角度,从个人的角度,从两者相结合但又以后者为基础去进行研究和分析的。1918年4月,罗素在反对第一次世界大战的斗争活动中,以极大的热情研究自由问题,指出人类和个人的自由受到威胁的趋势。为了揭露这个问题的严重性,为了寻求一个通向自由的可行之道,当时他写了一本研究自由的历史发展的书,书名为《自由之路》(Roads to Freedom)。这本书研究了自由的历史发展过程和趋势,研究了在当时条件下各国自由的发展情况,分析妨碍个人自由的各种不合理的制度,最后,还指出了自由的未来趋势。

他在《自由之路》一书中说,从古以来,自由问题就成为哲学家们的一个研究对象。这个问题,至少从柏拉图的《理想国》(Republic)开始,就反复地被哲学家和思想家们所研究。但是,自由问题始终没有得到真正的解决。自20世纪初以来,各种学说,像社会主义、无政府主义(Anarchism)、工团主义(Syndicalism)等,也探讨了关于自由的问题。罗素全面地、历史地分析了这些学说中的自由观,并把它们加以对比,指出它们的优点和不足之处。在研究这些学说和进行历史考察的基础上,罗素认为,个人的自由是最珍贵的,是社会发展的动力和源泉。一切社会,都是以个人自由的发挥为其生存条件的,只是不同的社会,个人自由的发挥程度有所不同而已。历史的发展证明,哪个社会发挥个人自由程度越大,它就有更大的生命力,就会获得迅速的发展。反之,社会就得不到发展。在个人自由受到最严重摧残的社会里,就必然隐藏着一场爆炸性的破坏力量,最终将不可避免地导致该社会的毁灭。

人类的历史,就是个人自由的发展史。从有人类以来,个人的自由由小到大、由狭到宽、由低级到高级发展。然而,这个发展过程并不是平坦的、直线上升的,而是充满着痛苦和斗争的。所以,可以这样说,个人自由发展到今天这样的形式(尽管现今的自由还充满许多不合理的地方,还不能算是最完备的自由,或甚至说,离最完备的自由还很远),是经历了几千年甚至几万年的斗争过程的。

有一种误解,似乎人的自由在奴隶社会以前,在原始共产社会的时候,是比较发达的。还有一种误解,认为自由的问题只是人类进入文明社会以后才出现,似乎在远古,在没有国家、没有政府的历史条件下,不存在自由的问题,其实,这些看法是片面的。

自由问题是随人类社会的产生而产生,又随人类的社会发展而发展。因此,自由问题也同人类社会一样,不止有几千年的历史,而是有几万年的历史(当然,对自由问题的研究,则只有几千年的历史。)

当人刚刚成为人的时候,就面临着一个发展个人自由的问题。而且,值得指出的是,人类越是处于原始状态,越没有自由。这种不自由,从性质上讲,同文明世界中的不自由有根本不同。在文明社会中,不管是奴隶社会、封建社会、资本主义社会和社会主义社会,不自由主要是来自社会的约束,特别是受不同社会地位的限制。在原始社会的不自由,则主要是受自然界的带强制性的力量的约束。由于人类刚刚从动物界进化而来,不论是生产能力、生活能力和组织能力都很低弱,所以,无法抗拒自然界的强制性力量的约束,人类在自然面前处处感到不自由。由于人类集体地过生活,越来越感受到组织起来的好处。群集的人类总比单个的人有力量。在这个事实面前,人类的祖先意识到组织起来本身就是个人自由得到发挥的一个条件。在下面,罗素将带领我们进一步深入地研究个人自由与组织的关系。但在原始社会里,组织起来的直接结果首先是扩大了个人的自由。这一点,同文明社会中出现的各种组织对个人自由的作用有很大不同。我们只要研究历史就会发现,文明社会的组织,只有少数是有利于个人自由的发展的。在原始社会,组织起来的人,为了进一步发展个人自由,在发展生产(主要是狩猎、捕鱼等)的基础上,不断地使自己的组织完善化和复杂化。在没有私有财产的情况下,也就是说,在没有罗素所说的那种占据的冲动获得滋长的条件下,组织越发展、越复杂,人的自由程度越大。

仅仅从原始社会的上述个人自由简况就可以看出,影响个人自由发展的,与其说是组织或他人的利益,倒不如说是"占据的冲动"。占据的冲动乃是私有制社会的产物,随着私有制的不断发展,占据的冲动愈演愈烈。

原始社会解体后,人类社会进入奴隶制社会。在奴隶制社会中,只有奴隶主和自由民才有个人的自由,广大的奴隶是没有一丝一毫的个人自由的。在世界历史上,奴隶制社会的典型是在古希腊和罗马。古希腊和罗马的进步思想家们,是人类进入文明社会以来,最早的一批赞颂民主和自由的理论家。生活在公元前460年至公元前370年的德谟克利特(Democritus, c. 460—c. 370BC)是古希腊奴隶主民主派的代言人。他说:"在一种民主制度下过贫穷生活,也比帝王统治下享受所谓的幸福好些,就像自由比受奴役好些一样。"他颂扬自由人的友谊、节制、理智和谋求公益的精神,并从理论上论证奴隶主民主共和国比贵族专制优越。他规劝奴隶主采用民主国家的形式,主张通过民主选举建立共和政权。但是,奴隶制社会中,专制政体对奴隶的自由的蔑视以及对自由民的自由权的侵害,甚至对奴隶主中的民主派分子的自由权的侵害有增无已,这就导致了像斯巴达克斯奴隶起义那样的革命运动的爆发。奴隶社会中的奴隶起义,是人类社会进入文明社会以来被剥夺自由权的人们企图用暴力反抗形式、夺取自己的自由权的第一次尝试。

在奴隶起义的打击下而崩溃的奴隶社会,为封建社会的建立及该社会中自由民主制的建立提供了最直接的历史借鉴。封建社会的自由民主制无疑比奴隶社会进了一步。但是，在封建社会中，各种不平等的等级特权制度和其他社会制度，仍然千方百计地束缚着个人的自由，特别是束缚着占社会大多数的农奴和农民的自由。如果单纯同奴隶社会相比，封建社会里的个人自由，有了某些发展。但从人性解放的角度来看，距离真正的个人自由还遥远得很。

在欧洲，从 15 世纪开始，就日益明显地发展着一场要求人性解放的运动。这一运动以意大利的文艺复兴为起点，经宗教改革，到了 18 世纪末的法国资产阶级革命达到了顶点。罗素曾在《自由与组织，1814 年至 1914 年》(*Freedom and Organisation 1814—1914*)一书中，详细地探讨了自那时以来的个人自由的发展。接着，他又在《政权：一个新的社会分析》(*Power：A New Social Analysis*)、《政权与个人》(*Authority and Individual*)和《从伦理学和政治观点看人类社会》(*Human Society in Ethics and Politics*)等书中，继续从理论和历史的角度论述个人自由问题在近代的发展和变迁。

罗素从理论和历史的角度研究自由问题，并不是单纯地出自学术研究的目的，而是有迫切的现实意义。如前所述，他所急于论证的，无非是两方面：① 个人自由是每个人得以愉快地生活的基本前提；② 个人自由是任何社会(当然也包括当代社会)得以存在和发展的一个前提。

他得出这两个结论，是为了改造当代社会的目的。如前所述，罗素受到第一次世界大战的爆发的强烈刺激，发现人类社会自进入 20 世纪以来，生产和科学的发展不但没有像历史所发生过的那样有助于个人自由的发展，反而限制和破坏了个人自由。他以极大的愤慨观察了当代社会的各种类型，在 20 世纪头二十年内，先后亲自参观和访问了法国、瑞士、德国、俄国、美国和中国等国家。他发现,在所有这些国家中,不管是实行什么类型的社会制度,个人自由都受到了很大的限制和破坏。

在英国,第一次世界大战期间,罗素曾激烈地抨击了政府的政策。他认为政府决定对德国作战所带来的坏处比德国人在战争中取胜所带来的坏处还大得多,而这些坏处的最大的表现就是侵害了个人自由——生活、研究和工作的自由。所以,在1914年,他亲自参加了反政府征兵法的运动,使他被捕入狱。他表示,他宁愿被捕,也不会放弃争取个人自由的斗争。

在德国,他看到军国主义的抬头和社会主义的蓬勃发展(关于社会主义的问题将在本书的以下章节中专门论述),他敏锐地观察到军国主义、社会主义的发展同个人自由问题的关系。他认为,军国主义是个人自由的最大敌人。他在后来创办毕肯山小学时,曾表示他所实行的教育制度的一个目的,就是要抵御军国主义势力的发展。他说,强制学生实行生硬的、苛刻的纪律,无异于为军国主义作早期准备。军国主义的统治,不论在哪个国家,都将以牺牲人民的个人自由为基本目标。因此,要捍卫个人自由,必须坚决地反对军国主义。

罗素在研究自由问题时,意识到解决个人自由与组织的关系问题是一个关键。关于个人问题与组织的关系问题始终是罗素研究自由问题的一个重点,这一问题贯穿于他的论自由著作的始终。在解决这个问题的过程中,罗素所遵循的基本原则是:解决这个问题必须最大限度地有利于发挥个人的自由,因为没有或较少个人的自由和创造性,不仅剥夺了个人的幸福,而且也侵害了社会本身的生命力和发展(not only is personal happiness forfeit, but also the vitality and growth of society itself)②。然而,个人的自由的发展,无论如何是离不开同社会组织的关系的,而且,从历史发展的趋势来看,社会越发展,个人自由与社会组织的关系越复杂,越犬牙交错。回避解决这个问题或以简单化的生硬办法来解决这个问题,既不利于个人自由的发展,也有碍社会的进步。

关于个人自由与组织的关系的问题,包含着个人同国家政权的关系问题。关于这一点,本章第二节将专门介绍罗素的看法。在这里,只是着重罗素关于个人自由与一般组织的关系问题。

前面已经提到,组织本身并不是都具有限制自由的作用。在原始社会里,组织不但没有妨碍个人的自由,反而保障和发展了个人自由。这就给我们一个范例,告诉我们:只要组织遵循着尊重个人自由的宗旨,以保护人类的共同利益为出发点,是有助于个人自由的发挥的。

归根结底,个人是渺小的、没有力量的。因此,所谓个人自由,离开了集体和组织,就是无足轻重的。这里所说的组织,是就其最广的意义而言。因此,组织应理解成为人类社会、国家、学校、公司、军队或其他人类共同体。人只有同组织相联系,才能发挥出他的作用,他的自由也才有一定意义。

在罗素看来,不幸得很,个人自由与组织之间,无论在概念上或本质上,又是相排斥的或至少是不易调和的。因此,它们之间难免会发生摩擦,时起冲突,甚至演化成尖锐的斗争,以致给人类带来许多不幸。为了避免二者的冲突及其给人类带来的不幸,必须设法调谐二者的关系。

个人的自由与组织各有长短。上面所论述的历史发展过程已经证明,个人的独立创造精神的充分发展,是人类文化得以发展、社会得以进步的条件。文艺复兴与近代科学的重大成就乃是个体独立创造精神的硕果。可是,罗素认为,个人自由的发展并非全然无害。欧洲 19 世纪放任经济发展所产生的弊病——例如生产盲目和过剩——就是一个明显的例子。所以,罗素认为,假若一个社会完全包含各自独立的个体,那么各个体的力量就游离开来,不利于人类的团结生存和社会发展。在历史上有过这样的先例:个体生活丰富而组织薄弱的高度文明社会,往往不易抵御文化虽落后但组织紧凑的狂野民族之蹂躏,个人自由较多而组织松散的民主国家可能败于无个人自由而组织严密的法西斯军国主义国家。

由此可见,个人自由与组织二者各有短长,非给予适当安排不可。为了集中解决个人自由与组织,特别是国家政权的关系,罗素在 1949 年出版了《政权与个人》(*Authority and Individual*)一书。在这本书中,他首先从心理学的角度讨论社会行为和反社会行为的根源;政府管制的广度与深度;考察历史上,在艺术、科学与道德方面个人的贡献与作用,然后,他探求足以决定政府职能与个人功能的诸项政治原则。他认为,只要无碍于秩序和安全,也就是说,在不损害整个说来的个人的自由的条件下,组织对个人的约束越少越好。

罗素认为,在一切社会动物中,包括人在内,合作和团结,都是有其本能的基础,蚂蚁和蜜蜂就是最好的例子。不过,蚂蚁和蜜蜂的集体生活(或有组织的生活)是机械的、刻板的、固定的、单调的。因为它们没有精神生活,没有文化生活,人类比它们高出一筹。在有组织的社会中生活的人类,已经涌现了许多有各种伟大的创造发明的个人。罗素认为,人类的集体生活的最强固的和出自本能的单位是家庭,从家庭又过渡到部落(其实,罗素谈这个问题时,忽视了这样的事实:在家庭出现以前,人类就已有了相当长的过组织生活的历史,而家庭不过是私有制产生以来所出现的一个小组织罢了)。在人类的行为变得复杂和先进以前,群性使得他们一小群一小群地聚住在一起。这时,这些小组织对内极其友爱,对外则极端敌视。在这个时候,个人对组织的效忠,主要体现在对该组织的"一个领袖"的效忠上。

从原始时代到现代社会,战争是扩张组织力量的主要杠杆。有战争就有恐怖,恐怖易于使人感到需要一个首领和需要一个组织。于是,"恐怖心理"代替"部落结合",而成为个体聚集成组织的泉源。这种趋势与日俱增。罗素说,斯大林等人深知这个恐惧心理对于加强组织权威所起的作用,因此,长年累月地制造"资本主义包围"的恐怖气氛,借以约束人民。

罗素说,在文明发展的较后时期,出现了一种新的结合力量。这种结合力量就是"信仰"。信仰相同者常常结合在一起。这一因素,发展到现代,成为社会凝集的有利因素。罗素说,近几十年来,许多非民主性质的政党通过政府机构或其他强制性组织,将各种各样的"主义",灌输到个人散漫、自由信仰的人们当中,硬是把他们组织成为有高度组织性的集体之中。这样一来,信条之一致,愈益成为社会凝聚的有利因素;而这一因素,又变成为统制思想和压迫个体自由的有力工具。罗素认为,在当时的苏联,信条的统一与国家的统一是联系在一起的。

在罗素看来,社会的集体组织的扩大和个人自由的缩小,主要是战争的结果。发展到后来,甚至需要有一个专门的组织机构来集体地决定社会共同体所面临的事务,国家政府就是这样的组织。既然有了政府,于是有些人比其余的人更有权力。爱好权力(love of power)或权迷的动念使得统治者企图征服别人。如果不对政府的权力作适当的约束,个人的自由就会受到无限制的侵犯。罗素说,现代技术使政府统治个人得以更加紧凑,而在战争压力下,在各种反民主势力的压迫下,世界保有某种程度的个人自由的地域越来越小,而且,即使在这些地域,个人自由也愈来愈受限制。这样一来,古代的罪恶就复发,大部分人类受到侮辱。这是人类的不幸,而反抗这些不幸,是我们最重要的任务。

罗素在论述个人自由与组织的关系之后得出结论说,社会生活发展到现在,更有必要正确地解决个人自由与组织的关系。因为社会越发展,个人自由与组织的关系更加复杂,某些企图实行独裁、危害别人的个人自由的野心家,更易于利用现代社会的特点,打着组织起来的旗号,蹂躏个人、剥夺个人的享受幸福生活的权利。

第二节　政权与国家

在论述个人自由与个人冲动的基础上,罗素建立起自己的独特的国家观。

罗素认为,研究和分析国家政府的问题时,首先要把最大限度地发挥个人自由放在第一位。罗素理想中的政治社会,首先是能使人自由地发挥他的"创造的冲动",把各个个人的"创造的冲动"加以合理的协调,使各个个人的创造性的冲动互相促进、互相补充,而把它们中间的矛盾和冲突减少到最低限度。他说:"政府和法律本身是为限制自由而设的,但是,自由本身应该成为政治的最重要产物。"③罗素的理想中的社会政治制度,就是使人类普遍地得到最高的善,使个人的创造冲动尽量地增多,而使占据的冲动尽量地减少④。

罗素的理想的政治制度,并不是一般人所说的"乌托邦"(utopia),而是可以实现的。他认为,这种理想的社会政治制度具有两种标准:

第一,要尽量地促进个人和社会的生长力和生活力。

第二,一个人或一个社会的发展应尽可能地不牺牲别的个人或别的社会⑤。

罗素认为,从古至今,国家政府有两种功能。一种是消极的,另一种是积极的。政府的消极功能是制止侵略，制止侵犯他人，保障个人的生命财产；政府的积极功能是满足大家的需求。

罗素为了调节个人自由同公共管理的矛盾，一方面反对军国主义和国家社会主义，另一方面又反对无政府主义；一方面承认国家有危害个人自由的因素和趋势，另一方面又承认国家政权是不可缺少的机关。他认为，国家政权发展到现代，主要是发展实力，特别是武装力量。其结果往往是对内侵犯个人自由，对外侵犯别国的自由，因此，现代国家政权的害处大于益处。

为了改造现代社会，最好的方法是以法律代替暴力。但法律太静、太死、太理论化，所以，光靠法律来改造社会，收效甚微。最有效的办法是靠国家的实力来调和社会各种矛盾，逐步地进行调整和改革。

为了使国家的政权起着调节矛盾的作用，最好实行分权制。罗素一生对集权制深恶痛绝，他认为集权制是最坏的占据的冲动无限膨胀的温床，考察人类社会古往今来的历史，可以看出，一切野心家、阴谋家、独裁者，都产生于极权制国家。

所谓分权，最主要的是把国家的上述两个主要功能部分地分散给社会上独立的团体，委托给自治机关。国家除了维持治安之外，其所有积极的功能不必由国家自己来实行，而可以交由若干独立的团体去分别负担实行。地域上及商业上的事务，可以委托给各个自治机关去办理，实行地方分权⑥。关于国家的行政职能，固然不能一下子废除，但可以采取两种方法来抑制和消除现有的行政管理制度中的弊病。这两种方法是：

（1）把各部分的问题，委托给各部分的团体，如地方自治机关、工会等组织去完成。

（2）把行政机关所掌握的权力奉还给立法部门去行使⑦。

罗素认为，国家政权的上述积极和消极两方面的功能，具体说来，又可以归结为以下三个：治安（security）、公正（Justice）和保存（conservation）。

所谓治安，主要是指保障个人的生命财产。为保证防止国家以保安为名侵害个人自由，国家不应只凭行政法令捕人，不应不按适当的法律程序治罪。法官应不受行政官支配。罗素认为，现在西方国家急需保障自身的安全，使本国不受外来的侵略。但这种治安目的，唯有在建立世界政权（world government）以后，在世界政府垄断主要的作战武器以后，才能达到。在世界政府建立以前，一切有价值的事物，都难以确保，随时都可能在战争中被破坏。治安还包括保障人民的正常的经济生活，这一方面包含着对失业、疾病及养老补助和救济。

所谓公正，在政治方面，就是实行民主制，在经济方面是平等分配，使财富分配进一步均衡化。罗素拥护社会主义者的某些主张，支持主要工业的国有化的措施，对进出口贸易实行必要的统制。

所谓保存，不仅指保护一切名胜古迹、公用道路及公用事业，而且主要是保护一切自然资源，现代工业生产的迅猛发展，使自然资源的消耗大大加快了。最显著的例子是石油，现在的石油资源已被迅速耗费。这些耗费，在多数情形下是浪费资源。在农业方面，滥伐森林、破坏土壤等，也是极为严重的。有些地区，化学工业发达，又未采取措施防止污染，使周围田地、森林、动物、河湖尽受其害。所有这些，说明政府的保存功能是很重要的，它关系到百姓的利益和民族的利益。

以上所述，是政府的主要功能。除了这些主要功能外，还有其他的次要功能。政府，不管它发挥什么功能，都应遵守一个原则：要有利于每个个体发挥自己的创造性，尽可能地减少对于个人的创造性活动的干预。

在罗素看来,国家有一项不可推卸的责任,那就是采取措施鼓励个人发挥自己的创造性,在文化、科学、技术、艺术、哲学等方面有所发明、有所发现。这些发明创造活动,有些是可预见其效果的,有的发明对社会有害,有的有益。在未知其真实效益以前,要给个人提供充分的自由讨论、自由试验和反复探索的权力。对这些创造活动,应该鼓励各种标新立异,无须讲求整齐划一。其是非善恶不应采取强制性的行政措施甚至解雇、暗杀、监禁等迫害手段,而应听其自然淘汰。政府人员尤其不应运用其经济与警察力量,凭其好恶,横加干涉。

政府的权力不应变成为绝对的。政府的政治、经济、文化方面的控制、监督权,只能在有限的范围内,在有利于个人最大限度地发挥其积极性和创造性的条件下行使。如前所述,罗素反对高度的集权,倾向于分权,主张尽可能把权力让渡或转让(devolution of powers)给民间团体和自治机关。罗素特别主张让地方政府有更多的发挥积极性的机会。而在实行工业国有化的国家,分权、民主、让权的制度尤其重要。因为在这些实行工业国有化的国家里,如不采取措施防止政府滥用权力,很有可能造成新的更大的官僚,使国有化变成为权力的形式的转移——从资本家转到官僚手中。罗素主张,各个大型企业实行自治,工业措施和计划采用民主方式,要容许群众对主管工业和企业的负责人员实行监督,提出批评性意见。

国家政权在经济方面的功能应该遵循四项原则:① 有利于增加生产产量;② 掌握分配公平合理;③ 使生产者得以安定地生活;④ 减少占据的冲动,解放创造的冲动。罗素认为,现在的西方政府只注重第一项功能,社会主义国家则只注重第二、三项功能。罗素认为,最重要的还是第四项,而恰恰是这个最重要的部分,被各个政府官员所忽视。

罗素的上述国家观是卢梭(Jean-Jacques Rousseau, 1712—1778)

的政治观点的发展。罗素着重继承了卢梭的民主观,同时又吸收了近代社会主义的思想(下节将详细介绍),形成他的独特的体系。

罗素的上述国家观的基本精神是民主,他把基点放在发挥个人创造性上面。但是,他的国家观带有浓厚的理想主义色彩和浪漫色彩,尽管他自己声称那不是乌托邦。这种理想主义和浪漫主义,只从善良的愿望出发,希望能使国家机器变成为有利于人民的调节器。但实际上,国家本身是历史发展的产物,它的现有形式也是社会历史条件所决定的,而不是任何一个政治家可以任意设计出来的。每一种国家政体之所以存在,是有一定的历史必然性的。罗素的国家学说,对产生现代国家的社会历史条件缺乏作全面而深入的分析,而较多地从个人的自由出发去考虑问题,要求国家处处为个人着想。实际上,不同的国家政权只能为统治集团服务。国家即使考虑到被统治集团的某些利益,归根到底,也是为了从根本上维护统治集团的利益。这也就是说,有些国家表面上采取一些措施照顾每个个人的利益,但那是为了最终保护统治集团。到现在为止,还没有一个国家是绝对脱离了集团的背景的,也没有一个国家能真正平等地照顾每一个个人的自由。

既然各个国家政权都是为一定的集团效劳的,是否就找不出一种妥善的办法来改造国家,使它尽可能地照顾大多数人的利益,尤其要重视尽可能多的发挥个人创造精神?改造的方法是有的。罗素提出的那种基于发扬民主的办法改造国家的计划,还是可以起某些作用。事实上,他的某些方案已被英国或其他国家所采用,并已收到了实效。例如,英国在第二次世界大战以来,已逐步地增加国有企业的成分。英国的煤矿、铁路、银行等都已逐步实行国有化。有许多国家还逐渐扩大福利实施,对人民的教育、卫生、养老等都提供福利保证。

事实证明,罗素国家观的某些内容是有成效的。

第三节　基尔特社会主义

罗素从关心个人自由出发,认为社会主义的某些原则是可以采用的。他从 19 世纪 80 年代开始,就很关心社会主义运动。他很早就成为英国工党(The Labour Party)和费边社(Fabian Society)的积极追随者。他同萧伯纳(George Bernard Shaw,1856—1950)和韦伯夫妇(Sidney Webb and Beatrice Webb)等人有很深厚的友谊,同为英国社会主义运动的热情支持者。他们的社会主义被称为"资产阶级知识分子"的社会主义。他们反对马克思(Karl Marx,1818—1883)和恩格斯(Friedrich Engels,1820—1895),特别是后来的列宁和斯大林的阶级斗争学说和无产阶级专政(The Dictator-ship of proletariat)的主张。罗素主张用渐进改革的方法,把国家和社会改造成为有利于发挥个人积极性的人类共同体。韦伯和萧伯纳等人所以把他们的团体称为"费边社",就是因为他们推崇古罗马大将费比乌斯(Fabius,275—203BC)的战术,费比乌斯主张用持久战,以达到不战而使敌人疲于奔命终于失败的目的。罗素等人认为,社会主义也要用持久的、渐进改造的方法去实现。罗素坚决反对暴力革命,他认为,暴力革命的害处比益处多。暴力革命是基于互相仇恨,诉诸武力而造成的,所以,照罗素看来,暴力革命是以仇恨对付仇恨,其结果不但不能消除仇恨,反而扩大和加深仇恨。

罗素所提倡的社会主义是基尔特社会主义(Guild Socialism),其基本思想,就是主张将分配归国家政府掌握,把生产归同业组合自治。所以,基尔特社会主义也叫作"同业组合社会主义"或"行会社会主义"。

罗素在 1918 年写的《自由之路》比较集中地论述了他的基尔特社会主义的理想。在 1948 年 6 月该书第三版所写的序言中,罗素谈到了他本人信仰基尔特社会主义的过程。他谈到,尽管在三十多年中,世界局势发生了很大的变化,但他仍然赞成基尔特社会主义的基本纲领。

罗素认为,他们理解的社会主义,首先和主要的是在经济方面的公有化。公有化,如果真得按基尔特社会主义所主张的那样去实行的话,必将为民主生活的普遍化打下良好的基础。这是罗素赞成基尔特社会主义的主要理由。

因此,罗素心目中的社会主义包含两层不可分离的原则:

(1) 土地和工业实行国有化,使富有者失去了发展自己的占据的冲动的物质手段,为更多的人发挥自己的创造的冲动铺平道路;

(2) 所谓国有化,必须归民主之国,而非归专制之国。只有由民主国家实行国有化,才能达到上述国有化的基本目的,反之,如果不是由民主国家实行国有化,而是由专制国家、官僚化国家实行国有化,那就会比原来的私有制带来更惨的灾难。

如上所述罗素本人并不赞成马克思的共产主义。在《自由之路》一书中,罗素把马克思的学说归结为三个基本点:

(1) 唯物史观(The Materialistic Interpretation of History):马克思认为,人类社会的发生与发展,是以物质生产为基础的。为了生产,人们结成了一定的生产关系。这种生产关系的性质,并不以人们的主观意志为转移,它是由当时当地的社会历史条件,特别是社会生产力的客观发展水平所决定的。因此,人们在其中占有一定地位的生产关系,归根到底是物质的。这种物质的生产关系又决定了该社会的思想意识、文化、教育等被称为"社会意识形态"的性质和状态,这些社会意识形态同各种政治制度、法律等一起,又被称为"上层建筑"。当生产力发展到一定水平,旧的生产关系以及由这个生产关系所决定的社会意识形态等上层建筑就会与生产力发生矛盾。矛盾的日益发展,最后导致社会革命。通过一场社会革命,代表新的生产关系的阶级往往夺取政权,为新的生产关系的发展铺平道路。不管罗素对马克思的唯物史观的上述解释是否完全切合马克思的原意,我们从这里可以看出,罗素在当时还是认真地研究了马克思的学说。对于这样的唯物史观,罗素是不赞同的。他在《我为何反对共产主义》一文中说:"每当我们讨论有关政治的学说时,有两个问题必须追究:第一,它是不是理论性的主义?第二,它是不是实际的政策,是否可能增加人类的幸福? 就我个人而言,我认为共产主义的理论是荒谬的,它的实行给人类带来无法估计的灾难。"但罗素在坦率地表述自己反共产主义的态度之后,并没有拿出真正足以说服人的论据和事实来驳倒马克思主义的基本原则。

(2) 资本集中的规律(The Law of the Concentration of Capital):罗素指出,马克思认为,资本的发展趋势是越来越大,越来越集中。而且,马克思还预见了:资本扩大和集中的结果,必然出现辛迪加(Syndicate)、托拉斯(Trust)等垄断组织。

(3) 阶级斗争(The Class War):马克思认为,工人和资本家的斗争是尖锐的。工人作为无产阶级是受资本家,即资本所有者的剥削。因此,这两大阶级的斗争是对抗性的(antagonical),不可调和的。这一矛盾的发展,必然导致无产阶级的社会主义革命的爆发和无产阶级专政的建立。

罗素极端地反对马克思的阶级斗争学说。如前所述,在罗素看来,阶级斗争只能导致相互仇视的加深,并必然引起整个社会生产力和文化的破坏。实际上,罗素反对马克思主义的共产主义世界观及其政策,并不是偶然的。不论是就思想体系、社会经历或生活经验来看,罗素都是同马克思格格不入的。

罗素对人类社会的观点同马克思是绝对不相容的。如前所述,马克思主张从社会生产及其生产关系这个物质根源去说明一切社会现象的发生和发展,而罗素则主张从人性、人的本能属性去解释社会。罗素的社会政治观点是以"冲动论"为核心的。他认为,人类社会的许多现象都根源于人的本能冲动。人的冲动决定人的各种社会行为,所以,社会上才出现了各种复杂的现象。因此,解决社会问题,还必须围绕着人的冲动问题。

罗素既然反对马克思主义,为什么又赞成基尔特社会主义呢? 这也只能从英国 19 世纪末和 20 世纪初的实际状况以及罗素本人的世界观去寻找答案。

罗素承认,19 世纪末以来的英国已不是他父辈生活过的维多利亚时代(Victorian Age)。他说:

> 当我年轻的时候,维多利亚时代的乐观精神被认为是理所当然的。当时,人们认为自由和幸福会以有秩序的步骤传播到整个世界,同时人们对残酷、专制、不义的逐渐消灭抱着乐观的希望。几乎没有人被大战的恐惧所笼罩。几乎没有人觉得 19 世纪是过去和未来的一个主要过渡时期。所有在大气层长大的人们想要调整现世上既有的一切是非常困难的。⑧

但是,到了罗素长大成人以后,维多利亚时代的那种繁荣、乐观的景象已经不存在了。在世界上,从 19 世纪以来,兴起了几个越来越强大的帝国主义国家,英国在世界上的地位已大大下降。这些新起的帝国主义国家为了排挤英国,在军事上和经济上采取了日益剧烈的竞争手段,世界日益不安宁。英国国内,工人运动也不断发生。各种社会矛盾日益尖锐。罗素面对这样的世界,想找一条能改善英国社会的出路。他认为资本家所有制日益发展的结果会引起贫富悬殊、矛盾加深,使更多的人失去发展个性的机会。但是,马克思主义的暴力革命,建立无产阶级专政的国家又必然会产生新的官僚政体(bureaucracy)。正当罗素寻找新出路的时候,英国工党和费边社先后成立了。他们的理论家们用民主主义、人性论的理论修正了马克思的社会主义理论,吸取了其中的国有化、财富均衡化等内容,加入改良主义、民主主义和人性论的成分,抛弃了马克思主义原有的暴力革命和阶级斗争学说,于是提出了所谓的基尔特社会主义的理论。

英国那样的社会是滋长基尔特社会主义的肥沃土壤。罗素在《先进国家里的社会主义》一文中详细地分析和比较了英、美、德等各先进国家的社会主义运动。在英国,罗素认为,基尔特社会主义所以有一定的基础,是因为英国在经济上有了相当高的生产发展水平,文化科学有了相当广泛的普及,政治上民主传统比较久远和普遍。因此,英国工人和知识分子愿意、也可能接受基尔特社会主义。

至于罗素自己,他一再强调,他从小就养成关心贫困人民的福利的习惯。他说,他对工人的贫困生活予以很大的同情。当他在 1895 年访问德国,在柏林拜访德国工人的时候,当他在 1907 年和 1923 年先后两次参加议会竞选而接触到工人选民的时候,他都由衷地表示出对工人和贫困人民的同情。他对掌握政权者当中某些少数人滥用职权欺压人民,不负责任地制定危害人民利益的政策,感到愤慨。他曾说:"当我想到我对世界局势能做些什么,应该做些什么时,我发现我的内心里有两种不同的观点在进行着不断地争论——一个是抬杠家的我,一个是热诚的政论家的我……"接着,罗素表示,为了主持正义,他不知疲倦地写文章和书籍,对社会上的各种不公正现象进行抨击,维护所有的人——

不管其社会地位如何——的个人自由和人权。

罗素承认，资本主义制度存在着许多严重的弊病，而所有这些弊病都来自权力分配和财产分配的不平衡。他在《布尔什维克的实践与理论》(*The Practice and Theory of Bolshevism*)一书中，分析了资本主义社会中的上述弊病，并认为，如果社会主义果真能克服这些弊病，就应该考虑实行社会主义的计划。罗素并不相信俄国的布尔什维克革命可以达到克服上述资本主义弊病的目的。他总结自己参观苏联的感想，预计苏联可能继续保留资本主义的上述弊病，主要原因是苏联实行了专制的官僚政治。他不同意布尔什维克的社会主义。他认为，只有英国的基尔特社会主义才可能会克服这些弊病。

罗素分析了资本主义的弊病，他说：

> 握有生产资料的人们对社会的影响，远远超过其人数的比例和他们对社会所作出的贡献。他们控制了教育和报纸。自从电影发明以后，他们手中又多了一种宣传工具。今天的世界，文化知识可以说很少是真正自由的。其中的最大多数，在直接或间接方面，还不是由大企业家和慈善家花钱买来的吗？为了满足资本家的需要和利益，使人们不得不做比他应做的更多的、更难的和更单调无味的工作。随着政治和经济组织的扩大，个人的发展和创造力越来越缩小。因此，我们可以说，当今世界的基本罪恶，当无过于牺牲个人以迁就机器。

罗素认为，资本主义社会的所有那些严重的罪恶，"可以说都是由于权力分配的不平等而产生的。"⑨

罗素说，布尔什维克所得出的结论与他的相反，在布尔什维克看来,经济上的不平等是权力不平等的根源。因此,布尔什维克的革命只解决国有化等经济改革问题,而不能改变官僚政体。罗素不相信布尔什维克的国有化和无产阶级专政可以从根本上医治资本主义的罪恶。

我们且不管罗素所分析的结论是否正确,他毕竟在一定程度上揭露了资本主义社会的弊病。罗素在分析资本主义社会弊病的基础上,在排斥布尔什维克理论和政策的前提下,主张在英国实行基尔特社会主义的计划。罗素认为,要消除资本主义的上述两条基本弊病——权力与生产分配的不平均,并不是容易的。如前所述,他并不认为布尔什维克革命可以克服上述弊病。

罗素一方面承认有改革的必要,另一方面又提出改革的渐进性和缓慢性,并强调改革所遵循的基本原则是不破坏个人的自由。

他说,无论在军事上或在工业上,在高度发达的先进国家中,都已达到庞大的组织的程度。工业生产的现代化、系统化、组织化,的确需要有某种程度的权力的集中,牺牲某些个人自由。只有这样,才能保持生产和工作的高效率。为了使一个有秩序的社会能继续存在,牺牲一点个人的好恶还是可以的。而且,如果从个人的观点来看,以这个小小的牺牲换取整个社会的持续发展,也并非太了不起的事情。但目前的情况是:各个工业化国家,其要求个人的牺牲往往超过上述限度。所以,在今后实行基尔特社会主义的过程中,必须防止这种现象的发生和发展。

为此,按照罗素的设想,英国如要实行基尔特社会主义,其最好的途径是从工业的自治入手。罗素相信,英国的铁路和矿业,只需稍加训练,在国有化之后,就可以在生产上以较短的时间超过现有的资本家私人所有制。据罗素到苏联的亲自观察,苏联由于没有实行工业自治,在经济管理方面,基本上失败了,也即是说,苏联社会主义革命的结果,经济的平均分配并未达成,生产效率也没有比资本主义国家提高多少。罗素认为,在英国,只要在铁路矿业方面试行工人自己管理,就可以完成社会主义改造经济的第一步工作。在英国,罗素认为已经具备了实行工人自治的条件,因此,实行起来不会很难,也不会出现麻烦或引起生产效率的下降。

罗素分析了在英国实行工业自治的优越条件。这些条件包括:① 英国工会已经掌握了相当熟练的管理经济的手段和技术,因此,他们可以毫无困难地独立管理和从事生产;② 英国工会在政治上比较成熟,有能力、有力量制订和实行较好的政策;③ 英国社会较多的人都支持工业上的自治。

罗素认为,有了上述条件,加上适当的宣传,就可以逐渐在工业方面实行国有化并交给工人自治。在铁路和矿业自治的基础上,可以将自治范围逐渐地推广到整个工业部门。

罗素分析,从工业自治入手,还有心理上的原因,他说,资产阶级所重视的是权力和金钱两项,而且他们中的多数人只重视金钱。根据他们的这种心理特点,倒不如先取得权力,然后,由工业自治入手,而不急于没收资本家的经济收入。一般来说,资本家只要经济上不受损失,是不会引起很大反抗的,这就可以避免社会的动乱和生产方面的破坏。罗素说,工业自治实行多年后,等到资本家在工业管理上不再起作用,他们就可以服服帖帖地接受社会主义。罗素还说,从工业自治入手,还有另一个好处,就是可以借此避免如苏联所实行的那种高度恐怖的集权政治。

当然,罗素对于苏联的政体的上述批评,并不影响他的自治思想的价值。他的自治思想,还是有许多好的、合理的因素。

罗素认为,在工业自治之后或同时,可实行地方自治。罗素说,现行的西方议会制度并不一定是最好的民主制度,地方自治同议会制度相比,在发挥人民的民主权利方面,有更多的优越性。

为什么要实行地方自治呢?

第一,即使是开明的专制,也未必能完全了解人民的利益和要求,因为集权制在人民和最高统治者之间树起了许多不必要的层次,使最高统治者很难了解人民的利益;

第二,只有地方自治才能发挥有效的政治教育作用;

第三,地方自治可以由偏重实力统治转为偏重法治,使社会秩序安定,政府稳固。

罗素推断,如果世界各国的社会主义计划都采用这些办法,就可以避免像俄国革命那样所造成的重大牺牲和破坏。不但如此,由于采用工业自治,就可以使工业技术保持一贯性和连续性,使生产不致陷于停顿,这样就可以大大缩短走向社会主义的过渡时期。

罗素认为,俄国的社会主义的失败只能证明"一种"社会主义的失败,但不能说明整个社会主义理想的失败。罗素认为,至少他所赞成的基尔特社会主义还是有成功的希望的。他认为,如能以新的希望去取代仇恨的动机,在俄国遭逢的不幸,也许不会在别国发生。

罗素的上述基尔特社会主义思想曾在英国产生较大的影响。在英国的工党里,这一观点已为多数人所接受,并已在他们执政期间的政策中体现出来。罗素本人的社会主义思想也有某种程度的变化和发展。但在基本点上和内容上,他的上述观点并没有多大变化。这一点,可以反映在他写的《自由之路》第三版序言和以后的许多著作中。

第四节　世　界　政　府

罗素的上述社会政治思想体现在国际关系问题上，就成为他的世界政府（World government）的理想。

罗素认为，处理国际关系的基本原则应该是如下两条：① 避免战争；② 阻止强国对弱国的欺压。[10]

罗素理想中的国际关系，并不是"世界主义"（cosmopolitanism＝cosmopolitish），并不是想借交流接触的机会而把各种民族的特性一起消灭。罗素反对这种蔑视和抹杀各民族特点的世界主义，他把它谴责为帝国主义的政策的产物。他认为，世界主义必然失败。另一方面，他又认为，爱国心虽然还是要的，但不能从本民族的狭隘利益出发，以损害和掠夺别国利益为目标。任何一个国家，即使是大国，也不能把本国的利益凌驾于他国利益之上。罗素说，那种狭隘的爱国心应该尽早消灭，代之以对国际上各国共同利益的关怀。

罗素的这种思想是一贯的。当他年轻的时候，他就不同意在非洲进行旨在侵害布尔（Boer）人利益的布尔战争〔Boer War，是 1899 年到 1902 年期间，英国同南非德兰士瓦（Transvaal）和奥兰治自由邦（Organge Free State）联军之间的战争〕。罗素的祖母，曾表示支持爱尔兰人的自治运动。在第一次和第二次世界大战中，罗素也主持正义，反对各种侵略战争。一直到他九十八岁时，他在临终前的一个月，还亲自签署了谴责以色列在中东发动的非正义战争的声明。他认为，以色列人对阿拉伯人采取了野蛮的态度和政策。他说，他虽然在第二次世界大战前后，对犹太人遭受纳粹主义的迫害表示过同情，但是，任何一个民族都不能以过去受到迫害为理由去迫害别的民族。

罗素为了解决国际上的各种非正义的冲突,分析了国际冲突产生的根源,并提出了他认为是行之有效的解决办法,制订了一个世界政府的方案。

罗素所说的"世界政府"是以他提出的上述处理国际关系的两项基本原则作为指导思想的。由此出发,世界政府应该履行制止战争和主持国际正义的职责。

罗素早在 1924 年,就在他所写的《伊卡洛斯:科学的未来》(*Icarus or the Future of Science*)一书中,提出了一个大胆的设想。他认为,为了制止世界战争,并调和世界各国的冲突和矛盾,必须有一个世界性的权威政府。这一种具有世界权威的政府能凭借自己的威望和实力,对各国的矛盾和冲突作出公正的裁决;在必要时(即当被裁决的国家不听从这种裁决而一意孤行)甚至可动用其本身的强大力量(包括政治、经济和军事力量)迫使被裁决者接受。

要做到这一点,这个世界最高权威必须具备这样的条件:

(1)主持正义,在任何时候,任何问题上都以保卫和平、主持公道为己任。它把全人类的利益放在第一位,不偏袒任何一方。

(2)有足够的智慧。在任何时候,对任何一个复杂的问题,都能制订出一系列行之有效的、最好的解决方案。罗素曾经认为,世界上的各种矛盾和由此而发的战争,都由于关税、虐待劣等民族及扩张领土和权力等原因产生的,而所有这些问题都是极其复杂的。因此,解决它们不仅要有善良的愿望,有公正的指导思想,而且还要制定出能实际解决问题的具体办法。这就需要有足够的、超人的智慧。

(3)有足够的力量。解决世界的问题,并不是仅仅局限于想和说,而是要实际有效和实际作到。这就不仅要有正义感、有智慧,而且要有力量。罗素认为,那些蔑视正义的邪恶势力是不会听理性的规劝的。

有时,必须动用武力才能制止邪恶势力的破坏性活动,才能保护受压迫的正义势力。

什么样的组织能担负上述任务、履行上述神圣的职责呢?

在 1924 年写《伊卡洛斯:科学的未来》那本书时,罗素诉诸一个强大的国家。这样一个强大的国家,在当代文明面临被毁灭之际,能以其强大的威力制止各国间的争执。罗素说,"这个国家能管辖全世界,能制止战争,就像现在各国政府能制止内战一样。至于哪一个国家能成为这样的国家,我都不能说。美国也许能够成为各英语国家的兄长。此外,在亚洲国家中,能为日本和印度所拥护,又可能为苏俄(因为俄国虽是欧洲的,但又偏于亚洲的)所拥护的,也许是中国。但究竟哪一个国家能扮演这个角色,现在很难预言。"罗素还说:"只有这种强大的国家能管辖世界而获致世界和平。"接着,罗素回顾历史。他认为,在历史上也有过这样一种先例。如在中古时代末期,在欧洲的各诸侯国之间曾经出现过这样的权威性组织,有充分的能力和力量制止各国间的斗争。罗素预计,今后国际关系的发展,必然重演上述现象。他认为,大一统的国家或强大的联邦制国家所实行的专制,固然不是一桩好事,但是如果这样一个强大的国家的出现能制止世界的动乱,能给世界建立安定的秩序,那么,他就宁愿要这种国家,而不要虽则相互独立但又连续不断地混战的世界。罗素说,在历史上,那些大一统的国家的出现,往往起着两种作用:① 实行专制;② 导致统一和安定,而统一和安定又已被证明是历史进步的前提。他说,在中世纪出现的统一集权国家难道不正是民主主义产生的温床吗?现在的世界,急需安定、统一。这种统一和安定,最终将有利于民主的发展,有利于科学和文化的进步。

罗素的上述主张只是一种理想罢了。在他提出这个理想时,尚有很多问题没有明确下来。到 1961 年,针对第二次世界大战后形势的新发展,特别是核武器的产生所带来的重大变化,他写了一本书,叫作《人类有前途吗?》(*Has Man a Future?*)这本书对世界政府问题又作了进一步探讨。这本书也没有完全解决这个问题,但显然比他早年提出的方案更具体些和更深入些。

他在《人类有前途吗?》一书中说,世界政府必须是唯一掌握最强有力的杀人武器的政府,它有足够的军事力量去解决一切国家,包括各大国的争端。他认为,这种世界政府乃是现有国家的联盟(A Federation of existing nations)。这个联盟由各个国家按人口比例选出相应数量代表去组成。这个世界政府的功能是阻止战争,各参加国"应该保持他们自己处理各种与战争和和平无关的事务的权力。"这个世界政府管辖着世界上具有类似利益和政治制度的国家所组成的下属联盟(subordinate federations),但只负责审理这些下属联盟间的对外关系,而不审理各下属联盟中各国间的、与战争无关的事务。为了达到制止战争的目的,世界政府有权监督各国的教育,以防止各国政府在教育中实施某种能导致战争的狭隘民族主义教育制度或教育内容。此外,世界政府还要从事各种能促进各国经济发展均衡化的事情。

为了防止战争,罗素在鼓吹建立"世界政府"的时间,也强烈反对在各国人民中实施狭隘的民族主义的教育。他认为,夸大民族主义必然把民族的利益放在各国共同利益之上,最终将煽起各民族间的仇恨的旋风,把各民族驱赶到战争的漩涡中去。他在《战争制度》(*War as Institution*)和《教育中的爱国主义》(*Patriotism in Education*)两篇文章中曾经谈到这个问题的严重性。罗素认为,民族主义表现了一种本民族的优越感;有了这种优越感就会产生吞并其他民族的危险念头。因此,罗素说,建立世界政府的一个目的,就是要逐步地消除各种各样狭隘的民族主义,使各国人民不再单纯地为本国利益着想,而是为全世界的利益着想。和罗素一样主张建立世界政府的迈耶曾在《和平的良知》(P. Mayer)(*The pacifist conscience*,1966)一书中明确地说,民族主义与战争相关联,而和平主义是与国际主义携手并进的。

回顾 20 世纪以来的历史,我们可以看出,各国政府的确曾经试图为制止战争而建立类似世界政府的国际性机构。1919 年建立了"国际联盟"(The League of Nations)。1944 年建立了"联合国"(The United Nations)代替"国际联盟"。但事实证明,这些世界性组织并未能真正有效地起到罗素所主张的那种阻止战争的作用。

第五节　战争与和平

建立和平和安宁的世界是罗素的社会理想。在他看来,和平是实现全人类幸福生活的最重要的前提。有了和平的环境,才能创造美好的生活,才能使每个人都获得发挥创造的冲动的机会。

所以,罗素一生都积极地投入保卫世界和平的斗争。在第一次世界大战时,他坚决地反对战争的双方,因为在他看来,这次战争对双方来说都是非正义的。在第二次世界大战后,罗素又致力于反对核战争的斗争事业,一直到他逝世为止。

但是,当我们把罗素当作一个和平主义者的时候,我们千万不要忘记罗素的和平信仰的宗旨。在他看来,和平并非最高的目的。他追求和平,是为了实现他的理想,为了全人类的幸福。所以,他本人并不认为自己是一个和平主义者。他认为,和平是为了正义、为了真理、为了善。他说:

在我的一生中,我无时无刻不在期待人类能够结合成为一体。我的这种对人类的期望,有时候会强烈到产生自欺的地步。我曾经轮流地把自己想象为自由主义者、社会主义者或一个和平主义者。其实,在我的最深刻的意识里,我哪一个也不是。我倒是一个怀疑主义的知识分子。当我在表面的意识里希望我的怀疑精神能沉默不语时,它却在潜意识里向我低语:我必须怀疑,必须忠于真理的信仰。于是我放弃了轻而易举的随波逐流的感情,而毅然投身于凄凉的孤寂中。

在这一段话中,我们看到,罗素首先是真理的追求者,然后他才成为自由主义者、社会主义者或和平主义者。从严格意义上说,正如他自己所说的那样,他并不是一个和平主义者。毋宁说,他是为了真理和正义而争取和平。

此外,罗素还说:

我始终都不是一个完全的和平主义者,也从来不认为一切发动战争的人都是可谴责的。我所坚持的观点是常识的观点,我认为有些战争是正义的,而另一些是非正义的……我不否认,我所辩护过的那些政策时时都发生变化。它是随环境的变化而变化。⑪

罗素在他的《战争的伦理》一文中,曾仔细地区别各种不同类型的战争。罗素把战争分为四种: ① 殖民地战争;② 原则之战(War of Principle);③ 自卫战争(Wars of Self-Defense);④ 为了增加威望而进行的战争。

罗素认为,殖民战争是合理的。"合理"的理由,据说是使殖民地的文化"大大提高"一步。他举例道,美国的移民打败了印第安人的结果,使该地区的文化水准大大提高了。罗素说:"如果我们从结果来判断的话,我们似乎不该后悔这场战争的发生。"这显然是罗素和一般和平主义者所不同的地方。

罗素还认为"原则之战"也是"合理"的。他举例说,查理二世时代在荷兰发生的那次战争就是属于这种"合理"的战争。

至于"自卫之战"则很少有合理的。他以第一次世界大战为例,这场战争虽然从英国的角度是"自卫"的,但是,"我们没有办法摧毁德国,即使获得了压倒式的军事胜利也不能算摧毁了德国。同样,德国也无法摧毁英国,即使我们的海军全部覆灭,伦敦完全为普鲁士人所占据也是如此。因为英国的文化,英国的语言,英国的工厂仍将继续存在。而且就实际的政治情况而言,德国人想在我们的这个国度内建立独裁政治是不可能的。"这就是说,这场战争的结果,谁也战胜不了谁,其结果则是加深了仇恨,毁灭了文化,为以后的无止境的战争打开了大门。

至于那些"为了增加威望而进行的战争"则永远是不合理的。罗素甚至很气愤地把这一类战争比作"狗咬狗"的战争。罗素并不一般地反对战争。他认为,有些正义战争是必要的。因为只有用正义的战争才能战胜邪恶势力,才能捍卫正义和自由。

但是,罗素认为,战争不管是正义的还是非正义的,都是要死人的,都会带来破坏,带来不必要的损失。为此,罗素主张,在一切情况下,都应尽量地避免诉诸战争。在罗素的著作中,有很多地方是一般性地反对战争的。在他看来,从本质上讲,战争的发生,主要是由于人的冲动所引起的,而不是以理性或需要作指导原则。即使是合理的战争,推动着双方进行战争的,往往是侵略的冲动(an impulse of aggression)和反侵略的冲动(an impulse of resistance to aggression)。即使有时,在偶然的情况下,这些冲动可能与理性相一致,但那只是暂时的现象。在许多情况下都是违背理性的。[12]

反侵略的冲动,据罗素说,是产生于对侵略者的恐惧心理,这种心理总是伴随着复仇的情绪,企图在取得胜利后,对侵略者实行报复。

由此可见,罗素虽然也区分了正义的战争与非正义的战争,并由此产生他对不同的战争的不同态度,决定了他与一般的和平主义者的差别,但是,罗素在战争与和平的问题上,也同他的其他理论一样,存在着许多矛盾、不一致性,甚至包含许多谬误。

如他把战争归结为由冲动引起的,并对侵略和反侵略都视作冲动引起的,这就使他的反战言行带有很大的局限性。他对于战争的分类及各种类型战争的性质的推断,也包含许多错误。

但不可否认,罗素在保卫和平和反战事业中,他的贡献多于他的消极作用。而且,罗素作为一个英国的贵族,能在一生中的大多数时间中坚持反战,坚持保卫和平,就是很难能可贵的。他在 20 世纪 60 年代后,已达八十多岁的高龄,但仍然不知疲倦地、一次又一次地组织和领导和平运动,利用他的影响,组织世界上著名的科学家、政治家、哲学家和作家一起保卫世界和平,这就更可尊敬。

第六节　性 与 婚 姻

罗素在自己的许多著作中探讨了性和婚姻的问题。他认为这是社会问题和道德问题的一个重要组成部分。在他的关于性和婚姻问题的专门著作中,1929 年出版的《婚姻和道德》(*Marriage and Morals*)是最重要的一个。下面我们集中地介绍罗素在这部著作中所阐明的基本观点。

　　罗素关于性和道德问题的观点是与他的自由主义和怀疑主义的总观点有密切关系的。他的自由主义和怀疑主义的观点,使他以叛逆的态度去对待传统的习俗和生活方式。他不仅有自己独特的见解,也以自己的实际行动来实践自己的主张。罗素一生结了四次婚,同时又有好几个情妇(他的第一个妻子是爱丽丝·史密斯〔Alys Smith〕。第二个妻子陶拉·勃莱克〔Dora Black〕。第三个妻子海伦·帕特里西亚·斯宾塞〔Helen Patricia Spence〕。第四个妻子艾迪思·芬琪〔Edith Finch〕。当他同自己的妻子保持婚姻关系时,他同时同好几个已婚妇女发生性关系,其中与他关系最密切的有奥托琳·梅勒尔夫人〔Ottoline Morrell〕和柯丽特〔Colette〕。)

　　虽然,罗素对性和婚姻问题的观点受到他的自由主义和怀疑主义的影响,但他在这方面的成果远不如他在其他方面的成果。而且,由于他的性与婚姻观中包含了许多错误,所以,他在这方面所收到的攻击也最剧烈。最典型的是 1940 年发生在美国纽约大学的所谓"罗素案件"(The case of Russell)。在这次案件中,罗素被告以"反道德"和"怂恿乱伦"罪。他的政敌们利用他在婚姻和性的问题上的错误,攻击他是"色情狂"。当然,他的论敌和政敌对他的攻击,包含许多片面的和歪曲的因素。但总的来讲,罗素的婚姻与性的观点的确包含了许多消极和落后的方面。我们在这里作简单介绍的目的,是要使读者对他的整个思想体系有一个全面的认识。

　　罗素关于性爱的基本见解,就是认为"性是人类天然本能之一"。他说:"性是人类天然的需要,和饮食并无二致。诚言,人离开了性也能生存,而离了饮食则不能够。但是,从心理的立场来看,性的欲望和饮食的欲望是完全类似的。"⑬在这里,罗素并没有提"生理的立场",而只把性看作是"心理的立场"。这显然是片面的,实际上,许多社会学家和思想家们都同意,从生理的观点来看,人类和一切动物一样,是以维持本身的生存及其种族的延续为基本前提的。

罗素认为,既然人的性的要求是本能的,所以,如果不承认它的存在,加以抑制,那么,其结果就要出现一系列反常的现象。他说:"要是我们将性的欲望忍着,它反而会大大提高,……当性欲兴奋的时候,它可以使我们万事不想,专想这事,而我们的一切其他的兴趣都暂时消失。在这种情况下,人就可以做出异常的事情来,做过后自己又觉得有些疯疯癫癫的。"⑭罗素认为,为了防止一切反常现象,应提倡性自由。他认为,社会上一切与性有关的反常现象,如强奸、通奸而引起的谋杀案,因婚姻问题而引起的自杀行为或神经病等,都是由于性不自由,而要想在社会上免除上述种种不幸事件,就必须给人以性爱的"自由"。

在罗素提出性爱自由以后,有很多人把他说成是"性放纵主义者",罗素对此作了辩解。他说:

> 我并不是主张人们不应有性的道德或自制,恰如我并不主张取消饮食的道德和自制一样。关于饮食,我们有三种抑制的方法:法律上的限制、礼节上的节制和健康上的节制。我们要偷东西吃,或在与人共餐时多吃了自己不该吃的那一份饭菜,或者胡吃乱吃,都会被看作是错误的。有关性的方面,也需要有这些类似的节制,但这种抑制方法更为复杂,更需要花一定的自制工夫。⑮

在这里,罗素一方面承认性也要有法律上和礼节上(即道德上)的限制,要考虑到身体健康方面的因素,另一方面也指出,上述节制和限制带有某种复杂性。

罗素对法律上和道德上的规定是持分析态度的。首先,他肯定性和婚姻有受法律和道德限制的必要。因为如果没有法律上和道德上的限制，反而会导致社会上出现更多的、更严重的不幸事件，就会危及人类的正常的社会生活。

但是，罗素认为现有法律和道德对于性和婚姻的限制带有许多不合理性。他认为，当代法律和道德的最大毛病就是否认性是人类的本能要求。显然，在罗素看来，关于性与婚姻的法律和道德必须以承认性是本能为前提。罗素认为，当代法律和道德把性以外的其他社会因素放在第一位，不考虑如何把性的本能本身同其他社会因素相协调，而只是片面地、孤立地把性与婚姻看作是社会问题。罗素曾在《我的婚姻观》⑩一文中说，成功的和圆满的婚姻，必须建立在双方爱情的基础上，完全满足双方的性的自然要求。但是，当代法律道德所主张的，是不顾双方感情和性爱要求的一致性，只片面强调一夫一妻制。在这样的法律和道德面前，只要是一夫一妻制，不管它是否以感情与性爱一致为基础，都竭力予以维护。其结果，必定是南辕而北辙。

罗素批判了欧洲传统的性道德。他以圣保罗的婚姻观为例，圣保罗是基督教《圣经》上所记载的耶稣的使徒之一。他鄙视地说性欲只是单纯的肉欲。罗素批判说："圣保罗显然以为我们之所以需要结婚，只因为有机会实行性交的缘故，而一般的基督教道德家大概都拥护这种观点。实际上，爱情绝不只是性交。"罗素还批判圣保罗所说的"结婚比动情好"的说法。罗素说，圣保罗一会儿认为结婚只是单纯的"性交"，另一方面又主张结婚不要动情。显然，圣保罗对结婚的态度是虚伪的。而圣保罗的观点是一般的传统的性道德观的典型。

罗素认为，婚姻和性的要求，首先是人的本能要求，同时，又是人的复杂的精神生活的一部分，没有它是不会幸福的。现代的法律和道德却看不到这样的事实，反而一味地鼓吹圣保罗式的婚姻观。因此，现代关于婚姻与性的法律和道德,必须加以改革。

罗素曾经比较全面地论述了自己的婚姻观。他说:"爱情绝不仅仅归结为性交。爱情是多数男女因为感到生活的寂寞,而求摆脱这种心境的一种方法。……平常总是先有感情的冲动,然后进而至于性交;要想满足这次冲动,必定先要求爱,先要有爱情,先要有结伴交友的友谊。没有这几种东西,肉欲的饥渴虽然可以暂时地得到满足,精神的饥渴却仍旧不能平静。这样是不能有长远的美满的生活的。男女间应该先有充分的、深邃的、真正的爱情,将双方的全部人格都包含在里面,以两人融为一体而使双方的人生都变得更加美丽、更加充实——这是第一件应该做的事情。"⑰

由此可见,罗素对于婚姻与性欲、婚姻与人生的关系的看法并不像他的论敌所诬蔑的那样,只是强调性欲自由放纵,而是从感情、心理、生理和社会各个方面进行全面考虑的结果,其中包含了许多正确的内容。在他看来,从生理的机能角度来看,性欲与饮食有很多类似之处。但它们之间在本质上也有很大的差异。在罗素看来,满足饮食欲是人单纯地对于物(食物等)的要求,而满足性欲是人对人的问题。男女间在发生性关系之前,双方必须对身体、仪表、性情、志趣、知识、道德品质和人格有充分的认识,产生相互爱慕,然后才能从中获得较高的乐趣。否则的话,便与普通动物的性交没有什么分别的了。

罗素认为,"性"毫无稀奇之处,它的神秘气氛不过是维多利亚时代的那些传统的道德家们的蒙昧主义所造成的。在罗素看来,这些道德家的道德说教有时使他感到很恶心,他们认为对小孩一味地蒙蔽,不要让他们知道关于性的事情。而罗素则针锋相对地主张:要尽量让小孩知道关于性的知识。他说,像数学这样神秘奇妙的知识,其神秘之幕都可以在孩子们面前除去,为什么在"性"的问题上就要尽量地保留这块遮丑布呢?

罗素说:"重要的是,要尽量认清,神秘感仅是起源于无知,这种无知,只要有耐性,并且在精神上下点功夫就可以将它消除干净。"所以,他说:"处理性问题时,应该完全抱一种实际的态度,要做到身临其境,就像你正在解释汽水如何被吸入吸管那样。因此,要医治一个男孩的猥亵行为,其处方便是把什么都告诉他,叫他生厌,直到他感到他再也没有不知道的事情,让他觉得他所知的都是索然无味的。"对于死的恐惧,所产生的种种迷信,在罗素看来,也可以和应该以同样的方式去破除它。这就是说,要把死亡描述成最普通、最平常的事情,使人人都知道它的真相。罗素劝告做父母的人说,"尽你的能力使孩子觉得性没有什么神秘之处。然后,设法给他造成一个印象,知道这个问题毫无意思。"

其实,罗素的这些主张,在实际生活中是办不到的。在这个问题上,罗素未免书生气十足。我们看到,社会上的青少年在性的问题上所引起的各种麻烦,主要并不是因为他们没有或很少性知识。在很大程度上,青少年的犯罪,乃是有更深的和更广泛的社会根源,把强奸等性犯罪的产生归结为"对性知识无知"是不符合实际的。就目前情况来看,暴露性的秘密的电影、书刊已充斥社会,加上宣传者的各种渲染手法,已造成了极大的危害。克服青少年在性的问题上的犯罪行为,不仅应从正确的性教育着手,而且还应配合更广泛的社会教育、家庭教育、道德教育和卫生教育,要使青少年把注意力从性的问题上转移在学科学、学文化、锻炼身体和工作上。罗素在性教育问题上的错误观点,曾表现在他所写的各种论教育的著作中。1926 年他所写的《论教育,特别是幼儿教育》(*On Education Especially in Early Childhood*)一书中也反映了他的上述错误观点。

　　罗素关于婚姻问题的观点也同样有过于自由化、理想化的倾向。罗素在《婚姻与道德》一书中，曾以两章篇幅讨论结婚和离婚的问题，其中自由化的倾向尤其突出。

　　罗素对于当代婚姻制度，存在不少意见。他的基本指导思想是：既然性爱是自然的、本能的，那么，结婚就应该是自由的——因此，任何男女，只要双方有要求，又有爱情基础，就可以结婚；反之，只要双方或一方感到没有感情，便可以分开。罗素认为，现代的婚姻制度带有很大的不合理性，因而在实际生活中早已破产。他举了美国社会的许多实际的婚姻例子来说明现代婚姻制度的不合理性及其破产状况。

　　罗素主张怎样改革现有的婚姻制度呢？

　　第一，罗素主张在一夫一妻制的基础上，男女双方应该"容忍"一方某些偶然的私通行为。他认为，现代社会在婚姻生活中所引起的各种麻烦问题，很多是由于丈夫或妻子都有绝对的"排他"观念。现代人把丈夫或妻子看作是"独占品"。因此，一旦一方发生了不贞行为，立即会引起很大的矛盾，以致发生婚姻破裂。他本人认为，对于私通应有分析。他曾公开地和坦率地表示：他的妻子没有理由不可在外面结交一个情人。而且，罗素个人，正如我们已在前面所看到的那样，确实也照他自己的观点去那样实践了。有一次有人问罗素，对那些他一度喜欢、但后来他又失去兴趣的女人，他会不会觉得自己太无情了。他反问道："为什么？ 她们也可以去找别的男人呀！"在这一点上，罗素显然过于强调个人的自由。他至少忽视了这样一个事实，既然婚姻是双方的结合，那么，它就不单纯是一个人的问题，而起码是两个人的事情，甚至是社会问题。因此，对待婚姻问题，怎么能单纯地从一方的性欲、爱情和要求来考虑呢？ 怎么能不考虑另一方的痛苦和利益呢？ 怎么能不考虑婚姻问题在社会上产生的影响呢？

第二,罗素主张,凡有子女的父母,不能随便离婚。罗素在《婚姻与道德》一书中说,"婚姻应该是双方友谊发展的结果,要有长远打算,至少要坚持到儿女长大的时候。不能把婚姻看作是临时的私情,随玩随了的。"罗素自己曾有多次离婚的经验,他对离婚给双方在感情上的打击以及对儿女的打击有切身的体验。但是,实际上,罗素的这种主张也很难实现。就连他自己也不是照此去做。他在1921年与第二任妻子陶拉结婚后,生下一男一女。但从20世纪20年代末开始,他与陶拉就开始感情疏远并在实际上分居而过。1935年,当他与陶拉离婚时,他的大儿子约翰十四岁,女儿凯蒂才十二岁。这就表明,假如男女双方的感情已经完全破裂,再要勉强继续同居,对双方都是一种莫大的痛苦,对儿女也会发生恶劣的影响。因此,美国著名的社会学家巴恩斯说,两亲离婚,其子女不免受苦。但是,在已经不存在爱情的情况下,如不离婚,其儿女所受到的痛苦就更大。罗素在离婚问题上的观点并没能提出一个行之有效的解决方法。

第三,罗素提出了所谓"试婚制"(companionate marriage),作为现今婚姻制度的补充。所谓试婚,就是在正式结婚以前,允许男女双方同居,而不建立家庭。实际上,在罗素以前,美国的一位法官林德生就曾经提出过试婚制,但后来遭到了社会舆论的普遍攻击。林德生本人曾谈到他提出"试婚"的原因,他说,在20世纪30年代后,美国很多青年男女,不愿结婚,而愿意过一种浪荡的、无拘无束的、所谓随玩随了的生活,在这种生活中,男女双方随时都可以根据双方的需要进行性交。林德生说,这种生活方式所以流行,主要是因为"缺乏金钱。而婚姻所以需要金钱,一半是因为要抚养子女,一半是因为女子在结婚后不便于继续出外工作。"罗素对林德生这种主张和分析是很清楚的。但他并不同意林德生所提出的试婚的理由。罗素说,"现在男子结婚都很迟,一部分是因为通俗的趋势,一部分是相信结婚后应该立即抚养子女的缘故。而且从离婚的现象来看,早婚也是一个原因,因为早婚有一个很大的危险,夫妻在二十岁时,还没有稳定的生活经验,容易发生意见分歧。一般地说,到了三十岁以后就比较好些。许多人,除非有了各种经验之后,是很难和自己的伴侣维持稳定的关系。所以,如果我们对于性的认识是清醒和健全的,我们就应该主张让大学生实行暂时结婚,但不生子女。这样,就可以免去他们的性的烦闷。……而且,这样一来,他们可以得到一次对于异性的适当的经验,为将来正式结婚生儿育女作准备,又可以有自由相爱的经验……"

罗素的这一段试婚的谈话,在美国发表后,立即遭到社会舆论的谴责。最典型的是一位美国律师在 1941 年指责他是"淫荡、猥亵、挑逗、好色、有毒、色情狂、诲淫、无神论、不恭不敬、小心眼、歪曲事实并完全失去道德。"

冷静地加以分析,罗素的试婚制确实是有很多问题。首先,罗素忘记了人类的两性关系和婚姻问题是一种社会历史范畴。我们不能脱离一定的社会历史条件来谈论性和婚姻问题。其次,不能单纯地从生理和心理方面来探讨婚姻和性的问题。最后,不能从个人的绝对自由的角度来考虑这个问题。

第七节 宗 教

罗素的反基督教观点和无神论思想是突出的。他站在理性的立场,以怀疑的目光注视着社会上蔓延的宗教信仰的特殊现象,决心在自己的哲学思想活动中,探索出产生宗教信仰的根源。他在《我的哲学发展》一书中明确地宣布,经他本人的认真思索和分析,他发现宗教信仰并不能在哲学中找到自己所由于存在的理由。也就是说，以往各种哲学对于宗教信仰的形形式式的论证，都是站不住脚的，不足为据的。由此出发，他首先推翻了所谓"自由意志"的说教，接着否认所谓灵魂不死的说法，最后则得出结论说：上帝根本不存在。

罗素对于宗教信仰所抱的这种实事求是的态度，在西方的哲学家当中是少有的，因而是很可贵的。罗素对宗教的怀疑从小就开始萌芽。如前所述，当他五岁的时候，他就怀疑所谓"天使"的存在——他不相信当他睡着的时候，有什么"天使"在守护他。他十多岁的时候，在他的祖父的藏书中看到了一本叫《爱尔兰的历史》的书。这本书的作者说，在大洪水来临之前，人类就已经来到了爱尔兰。后来，洪水把这批人全淹死了。罗素看到这里，就产生了怀疑：既然当时所有的人都淹死了，作者又怎么知道他们呢？他一想到那个可疑的问题，马上就很轻蔑地把那本宣传宗教臆说的书放下。

在少年时代，他对《圣经》里所记载的类似的故事，都抱同样的怀疑态度。他把他自己的怀疑，一件一件地记载在他的日记本里。为了不让别人看懂，他故意用希腊文记录自己的怀疑沉思。

有一次，他的叔叔罗洛（Uncle Rollo）认为宇宙间存在着一种自由意志。罗素听了以后却怀疑道：人的身体和其他的自然物体一样，是受力学规律所支配。因此，人的一切行为也像其他行星一样，可以被准确地预测到，所谓自由意志是根本不存在的。

罗素从小就喜欢读穆勒的著作，穆勒的无神论观点使他根本不承认上帝的"第一因"（First Cause），也不承认人死后还会有不死的灵魂。

罗素从小形成的对宗教的怀疑，既是他本人认真思索的结果，也是他的家庭教育的结果。他的父母都是无神论者。父母为他指定的家庭教师也是无神论者。罗素的祖母虽然是虔诚的清教徒，但恰恰是他祖母的那种清教徒的教育方式使他从小就对宗教的清规戒律发生厌烦，以至产生怀疑。他长大以后，他所受到的自然科学教育，进一步加强了他对神的怀疑，以致最后，在他还很年轻的时候，就在自己的头脑中全部推翻了宗教观念的三大基石——自由意志、灵魂不朽和上帝。

从那以后，现实生活中的许多残酷的事实，又使他进一步厌恨基督教的教义。他看到，那些絮絮叨叨宣讲基督教道德的人，实际上是最不道德的。例如有一次，罗素住在牛津区，见到有一位工人喝醉酒，在别人家门口胡乱地写了许多骂人的话。后来，这位工人被那家主人控告。法庭判那位工人坐牢或罚款。那位工人没有钱付罚款。可是，要是坐牢的话，他将会失业，而他的妻子又快要分娩了。罗素知道这件事后就为那位工人说情，请那家主人放弃这笔罚款。那位主人刚做完礼拜由教堂回来。罗素上前恳求把这位可怜的工人放了。可是，这位教徒拒绝了，并且道貌岸然地说："做错了事，就应该受罚。"罗素对这种基督徒式的仁慈，内心深为愤慨，后来，他用自己的钱把那位工人保释出来。

罗素一向最鄙视虚伪，最怀疑未经证明或根本没有证明的事物。所以，他一直到晚年，始终都没有改变自己的无神论思想。在他看来，宗教的教义既然是不能证明的，那就是一派胡言。他说：宗教就是"为了使你自己感到舒服，而去相信一些胡说八道的欲望。"他又说："我的意思是说，任何形式的信仰都是为贿赂懦弱的人而设计的，它就是我一向反对的不诚实与懦弱的表现。"他指出，所谓祈祷，无非就是相信宇宙是由某一个能作到有求必应的存在物所支配的。那些祈祷者把自己的希望寄托在那些实际不存在的"万能者"，恰恰表明他们是不相信自己的智慧与力量的懦夫，也是不打算靠自己的努力就捞到便宜的懒汉。

罗素关于宗教方面的著作很多。他的反宗教观点除了散见于他的许多有关社会政治问题的著作外，也集中地表现在如下几本书中：《一个自由人的信仰》(*A Free Man's Worship*)、《宗教与科学》(*Religion and Science*)、和《我为什么不是基督徒》(*Why I am not a Christian*)等。

罗素认为,宗教主要是以恐惧(fear)为基础的(《我为什么不是基督徒》)。这种恐惧包括对神秘事物、失败和死亡的恐惧。这种恐惧来自无知。罗素认为,科学可以给我们知识,人们自己的思想也可以教我们认识事物。因此,正常的人,不应该屈服于那些未知的神秘事物,而应该努力钻研科学,不断地扩大自己的知识,并把自己的目光注视到地上的踏踏实实的事物上。只有那些意志薄弱者和不愿动脑筋的人才满足于自己的无知,屈服于恐惧心理。

据罗素的意见,上帝的观念起源于东方的专制主义(Oriental despotism),它是在专制帝王的高压下产生的概念,对于一个自由人来说,这种概念是不值一文的。罗素认为,作为一个有人格的自由人,不应在高压下或在痛苦的遭遇中屈膝投降或绝望。他认为那些在教会里奴颜婢膝、低声下气地企求上帝恩赐或拯救的人们是"不足齿的"(contemptible),一个有自尊心的人是不值得(not worthy)去做这种奴颜婢膝的行为的⑱。罗素说:"我们应该站起来,并老老实实地面对现实世界。我们应该尽所能地为这个世界作事……一个美好的世界,需要知识、仁慈和勇气;对于以往的懊悔是不必要的……"⑲

由此可见,罗素是反对基于迷信、恐惧和无知的宗教的。他呼吁人们以理智和勇敢精神同宗教作斗争。

《我为什么不是基督徒?》是罗素1927年3月6日在巴特西市政大厅(Battersea Town Hall)的演讲词。在这次演讲中,罗素全面否定了基督教的教义。他认为,基督教徒的信仰本身就是不确定的。在不同的历史阶段,基督徒的信仰内容不断地发生变化。比如说,在较早时候,基督徒是信仰地狱的。以后,在很长时间内,信仰永恒的地狱一直是基督教信仰的基本内容之一,但自从英国枢密院(Privy Council)作出决定否认地狱的存在以后,地狱说已不是基督教教义的主要内容。尽管英国坎特伯雷和约克大主教(the Archbishop of Canterbury and the Archbishop of York)对此持异议,但在英国,宗教事务是由英国国会决定的,所以,罗素认为,现在的基督教已不包括对地狱的信仰。

基督教教义的上述变化本身表明基督教教义并非神秘的上帝的意图,而是人为的东西,就像衣服、房子、书本一样。既然这样,它又有什么值得崇拜的呢? 接着,罗素又逐一地驳斥了关于上帝的存在、"第一因"、耶稣基督、基督教道德等宗教问题上的谬误。

在罗素看来,关于宗教的各种谎言和神话,都是建立在错误的前提上的。因此,都是不值一驳。任何论题,如果前提本身就是捏造出来的,即使再复杂,也不值得费人心思去论证或反论证。任何一个傻瓜都可以提出一连串的足以使聪明人束手无策、无法回答的怪题! 但难道这些怪题都是真理吗?

罗素在批驳了基督教的教义后,劝人们把目光从天上回到地上,他在回答"我们应该做什么"(What we must do)的问题时,说"我们必须用我们的双脚站立,并光明正大地看待这个世界上的事情(look fair and square at the world)——它的好事、坏事,它的美和它的丑;要以它的本来面目看它,而不要怕它。要用理智去征服世界,而不要单纯地靠对于世界上产生出来的暴君的奴颜婢膝去征服世界。……这个世界所需要的是毫无畏惧的观点和自由自在的理智。它需要的是对未来的希望,而不是往回看那一切已经逝去的时间……"[20]

至于宗教在历史上所起的作用,罗素认为,它几乎完全起着消极作用。他说:"我对于宗教的观点和卢克莱修(Titus Lucretius Carus,98—55BC)的观点一样。我认为它是恐怖的怪胎,是人类沉重的灾难的源泉。可是，我不能否认它曾经对文化作出过某些贡献。在早期，它促进了历法的确立，而且，它使埃及祭司们能预先准时地算出日食的时间。宗教的这两个作用我是承认的，但除此而外，我再也不知道它有什么贡献。"

注释

① 罗素：《回忆集》。

② 罗素：《社会重建原理》。

③ 罗素：《自由之路》。

④ 罗素：《政治理想》(*Political Ideals*)。

⑤ 同②。

⑥ 同②。

⑦ 同③。

⑧ 罗素：《八十生辰的回顾》。

⑨ 罗素：《布尔什维克的实践与理论》。

⑩ 同③。

⑪ 罗素：《常识与核战争》(*Common Sense and Nuclear Warfare*)。

⑫ 同②，第七章。

⑬ 罗素：《婚姻与道德》。

⑭ 同⑬。

⑮ 同⑬。

⑯ 载于 1928 年 3 月 7 日的英国 *The Outlook* 杂志。

⑰ 同⑬。

⑱ 见罗素：《我为什么不是基督徒》。

⑲ 同⑱。

⑳ 同⑱。

第 5 章

文化哲学

第 5 章

文化哲学

第一节　教　　育

　　罗素很早就对教育问题发生兴趣。早在 1916 年,他在《社会重建原理》一书中就设有一章专门讨论了教育问题。但在当时,他主要是从反战的角度研究教育的。所以,他把注意力放在学校纪律和教育方法问题上。他认为,强制学生服从一种严格的纪律,用强制的手段向学生灌输某种道德原则,在本质上是为军国主义的统治作准备的。一方面,这种强制教育企图使学生养成一种盲目服从独裁者的意志的习惯,剥夺学生的民主权利,阻止他们进行自由思想;另一方面,这种强制教育本身就是包含着破坏性的爆炸力量。因为根据罗素的看法,学生们在青少年时代受到压制,就等于在他们的心中积聚着越来越大的反抗力量,这种反抗力量总有一天要引起爆炸,要导致社会的大动乱。他说:

　　　　邪念就像河川一样,虽被堵住,⋯⋯尽管意志力逼它改道,逼它钻入地下,但是最后它还是会在残酷的地面上浮现出来。

所以,他认为,"近代德育的秘诀,是要尽可能地使良好的行为变为习惯,而不是进行勉强克制。"他说,在一般情况下,任何教育都不需要用纪律来约束。他说:"小孩子在任何方面一旦受到压制,总有怀恨的倾向产生。通常他要是无法将胸中的怨气发泄出来,必然会积压在内部而化脓。这些怨气虽然可能会暂时深藏不露,但在不知不觉中,将会在日后的一生中给他带来形形色色的坏影响。"因此他下结论说:"传统教育为了加强意志,反而使智慧和感情挨饿。"但是,罗素并不完全摒弃纪律。他在《社会重建原理》一书中写道:"在人类所有的成就之中,几乎都少不了某种纪律。"因此,他认为,必要的纪律也确实在社会发展和文化进步的过程中,起着某些好的作用,只是极其有限。

总之,他在 1916 年的《社会重建原理》一书中,基本上是否定传统教育的。他以为现在的教育不是给青年以正确的思想,不是使青年学会正确的思想方法,而是向青年灌输无用的、僵化的教条。在他看来,当代的教育是不许青年自由思想,既不让他们怀疑,又不使他养成独立的思想。罗素认为,教育的真正目的,不是给青年灌输信条,而是培养他们追求真理的欲望,使他们养成思想上的"冒险精神"。他为教育制定的原则是:努力保存独创性和本能的冲动,抛弃服从和强制的训练;努力养成自尊心,克服自卑心理;与其教人顺从,不如教人反对;与其教人轻信,不如教人怀疑;与其教人谨小慎微,不如教人冒险。总之,增加创造的冲动,培养自尊心,这就是罗素在 1916 年第一次触及教育问题时所提出的教育观的基本精神。

但是,在 1916 年时,罗素的上述教育观刚刚初具规模。到了 20 世纪 20 年代,他的哲学思想在社会实践中得到了发展。他本人对社会的见解也进一步深刻化。除此而外,他在 1921 年有了第一个孩子,接着,1923 年,他又有了第二个孩子。他对儿童教育的兴趣随之而增加。正是在上述综合背景下，他在 1926 年写了一本《论教育，特别是幼儿教育》(On Education, Especially in Early Childhood)。接着，在 1932 年写了《教育与现代世界》(Education and the Modern World)和《教育与社会秩序》(Education and the Social Order)这几本论教育的专著，把罗素原来已初具规模的教育思想进一步发展起来。他逐渐成为教育界主张用科学的教育方法代替填鸭式教育方法的人们中的一个强有力领导人。

从 1917 年到 1923 年，罗素与第二任妻子陶拉·勃莱克一起创办毕肯山小学，亲自进行实验性教育活动。此外，他本人多年在大学从事教育工作，有丰富的教学经验。他从 1900 年起，先后在剑桥大学、美国芝加哥大学、加利福尼亚大学，哈佛大学等著名大学任教，又在北京大学等各国重要学术中心讲学。所以，可以说，他的上述论教育的专著也是他本人的教学经验的理性结晶。

罗素的教育观的基础，乃是他的"冲动论"。既然人性中本能地存在创造的冲动和占据的冲动，那么，教育的目的就是要发展有益于社会的创造的冲动，用创造的冲动代替占据的冲动，在此基础上，向青少年施给有益的自然科学知识和其他文化知识。但是，给予知识的目的，归根结底，不是让学生记住那些已得出的结论，而是在此结论的基础上进行独立思考，进行创造发明。所以，为了达到上述教育目的，要培养学生自由思考和独立创造的能力和习惯。

因此，罗素的教育方法遵循着三条原则：

(一) 自由思想

一切教育方法都不能违背使小孩子和青年获得自由思想习惯的原则。罗素说，他主张使施教的重点放在"自由"和"避免压抑"这两点上。

他说:"我们允许学生们撒野,他们高兴说什么话,就可以说什么话。……否则,他们要说的话,就不能爽爽快快地吐露出来。让这些话压抑在心里化脓是不好的,……"他甚至说,"目无尊长的事,在我们这里是不会被制止的。"罗素说,小孩子在长知识的时候,根据心理学的研究成果,应该让他们做到口不择言的程度。因为唯有在口不择言时,他们才会自由地进行思考。罗素相信,用蒙蔽政策对付孩子,不许他们讲出他们想讲的话,反而会导致精神抑制和混乱。

罗素认为,所谓让学生自由讲话,就是让他们畅所欲言,无拘无束地说出他们想说的话。语言是表达思想的,语言活跃,表明思想活跃。有时候小学生说一些不好听的话或错话,正好表明他们心里在想错事,这恰恰告诉教师:学生需要教育。教师应该乐于看到自己的学生畅所欲言,不能以说话的正确与否或是否符合道德标准,来衡量学生的受教育的效果。有的时候,学生在学校里,由于受到压抑和受到不正确的教育方法的影响,不说真话,装出老实的样子,可是一回到家里或社会上就说出许多难听的话或做出错事。这恰恰证明,不让学生说话,会使学生言不由衷,或甚至变成两面派、言行不一。这是违背教育目的的。自由地说话、自由地思想乃是施教的基础,同时,也是使学生走上正确的生活道路和接受正确教育的起点。

为了鼓励学生自由地思想和自由地说话,不应惩罚那些说坏话的学生,不应鼓励"绵羊式"的学生。

(二) 启发式教育

现代教育的目的,是要培养学生的创造性,而不是让他们墨守成规、死背书本,停留在老师和前人的结论上。亚里士多德是柏拉图的学生,但他并不是事事都信奉柏拉图。亚里士多德曾说:"虽然柏拉图和真理都是我所尊重的,但神圣的职责使我更尊重真理。"①既然教育不是为了使学生停留在现有知识的水平上,那么,在罗素看来,更重要的是要启发学生正确地认识世界,启发学生对现有知识发出怀疑,启发学生进行新的创造发明。

所谓启发,并不是不给学生传授以往的知识,而是使他们懂得这些知识是怎样获得的,懂得其中基本的精神。所谓启发,还包含着正确的引导在内。也就是说,让学生在现有知识成果的基础上,继续沿着正确的思路去发现问题、探索问题。罗素强烈地谴责填鸭式的教育,他把这种教育比作中世纪所实行的蒙昧主义教育。他甚至怀疑那些热衷于填鸭式教育的人们是不是"知识的骗子",因为他们显然是让学生不怀疑他们的知识的真伪,显然是害怕学生独立思考。在这世界上,究竟是什么人最怕学生独立思考呢? 不正是那些推崇迷信的骗子和独裁者吗?

(三) 以观测为基本手段

罗素认为,教育,特别是对幼儿和儿童的教育,要以观测、直观考察为主要方法。要使学生用亲身的试验和各种实践,去体验和领会各种知识。他说:"对于现代的教育工作者来说,显然,所有的物质事实都是由观察(observation)来确定的,而不是通过听取古代权威的教诲来确定。但这是完全崭新的认识,在 17 世纪以前是难以实行的。亚里士多德曾经认为,妇女的牙齿比男人少,虽然他结了两次婚,但他一次也没有让他夫人张口,通过自己的亲眼观测来证实自己的上述结论。他还说:'如果小孩子是在刮北风的时候怀胎的话,就比较健康。……'"②罗素讽刺了被人们称为"圣人"的亚里士多德。在罗素看来,否认观测在认识过程中的作用,连圣贤也会走向荒谬。因此,抛弃感觉直观和观测,就不能使学生接受真理,也不能使他们学会正确地认识事物的基本方法。

罗素在《教育与社会秩序》一书中主张对学生施行有区别的教育。他认为因材施教是很重要的。他说,把所有的孩子都送入同样的学校,给他们同样的教育是错误的。比如,天才儿童假如被送入法国的那种特殊学校,就会有更好的机会发展他们的特殊才能。罗素认为,法国由于这个缘故,理智和艺术才能都比其他国家更能自由地发展。相反地,罗素认为,他在美国所看到的那种大集体的教育方式,却造成了教育质量的普遍降低。

罗素还抨击了教会对学校教育事业的破坏作用。他说,学生本来都有强烈的追求真理,爱好科学的好奇心。但现代教育却要束缚儿童和学生的这种好奇心,不让他们多问、多看、多想。他说,这种摧残儿童好奇心的教育往往是出自政治的、宗教的或道德的动机,"而这一切的根据,实在都是从那根深蒂固的对现实世界的恐惧心出发的。正统教派的观念似乎认为上帝造了世界,世界是很可怕的,因此我们对世界的知识越少越好。"③

第二节　科学与文化

罗素认为,西方文化有三个来源:圣经、希腊文化和科学。在历史上,这三个因素有时相互结合、相互促进,有时相互分离、相互拆台。这三个因素,既是矛盾的,又可以统一在一起。这三种因素交错在一起,使西方文化既有积极的因素,又有消极的因素。罗素认为,在三者之中,唯有现代科学才给人以智慧,才促进历史的发展,才有助于个人的个性解放,也有助于个人的道德品质。但科学也有它的消极作用,例如,现代科学被某些有占据的冲动的人所利用而危害人类。但是,他认为,从本质上讲,归根究底,科学是一种历史进步的酵母,是使人类得到彻底解放的唯一可靠的武器。

因此,罗素在一生中,孜孜不倦地研究科学,研究数学、核物理,同时,从哲学的高度研究科学的发展规律,以便尽可能地利用科学的积极作用,加速人类的幸福生活的到来。

他的著作中,有很多地方对科学进行了研究。他还发表了许多研究科学的专著,写了大量的科学普及读物。其中,有《论几何学基础》(*An Essay on the Foundations of Geometry*)、《数学原理》(*The Principles of Mathematics*)、《数学原论》(*Principia Mathematica*)、《神秘主义与逻辑》(*Mysticism and Logic*)、《数理哲学导论》(*Introduction to Mathemathical Philosophy*)、《工业文明的前景》(*Prospects of Industrial Civilization*)、《原子论入门》(*The ABC of Atoms*)、《伊卡洛斯或科学的未来》(*Icarus or the Future of Science*)、《相对论入门》(*The ABC of Relativity*)、《科学观》(*The Scientific Outlook*)、《宗教与科学》(*Religion and Science*)、《科学对社会的影响》(*The Impact of Science on Society*)和《科学与文化》(*Science and Culture*)等。

科学的本质是什么呢?罗素以为,科学在本质上是人的求知欲的产物,同时,反过来,又是求知欲的真正推动者。科学要求我们放弃一切自私自利之情,摆脱邪恶,而达到至善至美。科学越发达,人类的物质生活和精神生活越丰富、越完善。

科学的方法,其基础就是考查特殊的事实,然后,由特殊到普遍,由个别到一般,总结出规律。在历史上,科学的方法是希腊文化的传统精神同文艺复兴的成果相结合的产物。罗素认为,科学的方法,在古希腊,最完备和最典型的表现就是古希腊的欧几里得几何学(Euclid

Geometry)和苏格拉底及亚里士多德等人所总结的演绎逻辑。古希腊著名的物理学家阿基米德(Archimedes, 287—212BC)把理想与实践、推理与实验灵活地结合在一起,实际上是现代科学方法的始祖。

罗素认为,在历史上,科学的方法的发展和完善化并不是没有斗争的。古希腊的上述正确的科学方法在柏拉图时代遭到了破坏。柏拉图背弃了实践路线,注重于抽象的论理学与玄学,把科学引入歧途。在那以后,有相当长的时间,柏拉图的反科学的方法被中世纪的教会所维护和发展,因而使西方文化和科学,在中世纪的漫长的时间里停滞下来。

在人类社会的历史中,科学与科学的方法是随生产的发展而发展的。以几何学为例,到 1829 年,罗巴切夫斯基(Mikolai Lobachevski, 1792—1856)才根据科学和生产的新成就,对欧几里得的几何学的基本前提提出了怀疑。从此,几何学进入了非欧几里得几何学的新时代。在文艺复兴时代,被中世纪教会所窒息的科学方法重见天日。人们开始尊重实验。有许多人提出了一系列的对传统文化的怀疑,如布鲁诺(Giordano Bruno, 1548—1600)怀疑"地心说"。近代的科学方法于是在伽利略(Galileo Galilei, 1564—1642)等人的推动下发展起来了。

但是,即使到近代,科学方法的发展也不是一帆风顺的。罗素说,在英国,不可知论者休谟就是贬低科学的价值。休谟认为,世界是不可知的,即使像太阳从东方升起这样一个极普通的规律,照休谟看来,科学也无法证明。休谟全盘否定了科学的作用。但罗素说,科学并不因此停步不前。在休谟之后,到罗素那个时代为止,科学不断地高奏凯歌前进。

罗素在《科学的未来》一书中说,即使科学已发展到今天这样高度发达的程度,在科学界中也还有人反对科学本身,怀疑科学的价值。罗素说,像爱丁顿(Eddington)那样的人,在解释相对论的时候,都还把大多数科学规律说成是"人类的习俗而已"。罗素还说,连几个有重大科学成果的原子物理学家也还认为物质世界无所谓因果律。还有一些哲学家,像马赫(Ernst Mach,1838—1916)等人就径自把因果律都归结为主观感觉能力的产物。

罗素考察科学及其方法的发展史,目的在于说明科学的本质及其作用。他认为,科学固然在事实上有促进历史发展的作用,但人类社会本身尚有许多不利于科学发展的因素;而且,这种不利因素并不是只存在于某一段历史时期内,而是始终贯穿于历史的各个发展阶段,直到目前为止。

罗素认为,从上述历史的考察,可见科学问题并非单纯的文化问题。科学的发展,既然自古以来都同整个人类社会生活有密切联系,那么,研究科学的本质、价值及其作用,也必须从社会和历史的全面观点去看。

接着,罗素分析了科学的发展对社会发展的影响。罗素为了分析这个问题,专门写了一本叫《科学对社会的影响》(*The Impact of Science on Society*)的书。这是罗素在 1951 年在美国哥伦比亚大学的讲座题目。当时,罗素已是 79 岁的老人了。他刚刚获得诺贝尔文学奖,就在哥伦比亚大学应富兰克林·马切特基金会(Foundation of Franklin J. Matchette)的邀请开设讲座。他的这个讲座分为三个专题:① 科学与传统;② 科学技术的影响;③ 科学的价值。

罗素认为,科学的影响是很广泛、很深远的。科学不仅推动了社会生产力的发展,改善和提高了人的生活水准,促进了文化的发展,也直接改变了人的精神面貌,改造了人的思想方法、道德等。因此,研究科学的发展及其影响,实在是研究人类社会及其发展的一个重要课题。

首先,科学推动了生产力的发展。罗素回顾了科学对生产所起的推动作用,认为科学的成就与生产力的发展速度的关系是成正比。他以工业革命为例。他认为,在工业革命中,蒸汽机的发明解决了工业发展所需要的动力,使社会可利用的生产动力和能量成百倍地增加。在英国,工业革命的结果,使采矿、冶炼、机械制造业迅速发展。英国工业从原来的"纺织工业时代"一跃而进入重工业时代。工业革命之后,在19世纪下半叶至20世纪初所达到的电气、原子结构方面的科学成就,又把社会生产从"蒸汽时代"推入"电气化的时代"和"原子时代"。非常明显,没有科学的发展。人类生产力是无从提高的。罗素认为,综观科学发展对生产力发展所起的巨大推动作用,使我们得到了一个重要的启示,这就是要重视科学研究事业。他认为,一方面,科学研究的确是以生产发展为基础——没有生产所提供的科学研究设备,没有生产中积累的丰富经验,科学家再聪明,也无从推动科学的发展。但是,另一方面,科学的发展往往可以生产所提供的设备、经验为出发点,作出具有跨越时代意义的新发明,一下子把社会生产向前推进几十年甚至上百年。科学是人类理性的产物,是智慧的结晶,它是最宝贵的生产经验的浓缩品。所以,一旦把它应用于生产中去,社会生产中长期存在而又难以解决的问题便可以在一瞬间得到解决,生产便可获得突破性的猛进。罗素说,社会生产的发展就像万物运动一样,在其进程中往往会遇到各种各样的困难。这些困难就像水草绊住游泳者的手脚一样,如不及时排除就会使游泳者慢慢地耗费体力,逐渐放慢前进的速度,而最终可能会下沉。科学成就是生产运动的救生圈,也是生产运动的强心剂,它可以挽救因长期缓慢发展而处于垂危中的社会生产,使它迅速地脱离危险的漩涡,而达到安全的彼岸。生产一旦到达胜利的彼岸,在它面前就展现出广阔的发展前景。当然,即使到了彼岸,也不是没有新的问题,也不是不再遇到新的困难。但是,这时,生产力已为新的科学成就所装备,有了比以前更强的生命力。只要它前面的困难不比原来的困难大得多,一般地说,它就可以比原来更快的速度向前发展。到了新的水平上,生产接受了科学的装备,无疑增添了自己克服困难的力量。待到新的困难再出现时,它又要求救于科学。由此可见,科学是生产的结晶,是生产的动力,也是生产的强心剂。

罗素的这一观点并非他的创新,但这一观点体现了罗素对科学的重视及对社会生产的关怀。作为一位哲学家,他能深切地关心生产,思索着与生产有关的问题,说明他的哲学确实已走出了一般清高的哲学家的狭窄的思想活动范围。

其次,罗素高度评价了科学对提高人民生活所起的作用。自从人类自古猿演变成功以后,人的生活一直是随科学的发展而不断提高。但科学的发展是跳跃式的,因此,人的生活的提高也是跳跃式的。所谓跳跃式,并非每一跳之间都留有短暂的间隙,也并不是都以同等速度进行跳跃。实际上,在各次跳跃之前,往往要停留几十年、几百年,以至几千年。例如,在中世纪,科学的跳跃和生活的跳跃往往是有较长的间隔时间的。在中世纪,一项科学发明往往要经历几百年的准备和酝酿,不像 19 世纪以来的发明那样,以较短的间隔时间来实现。罗素谈到中世纪的罗盘针的发明,他说,罗盘针的发明经历了几百年的准备。罗盘针发明后,推动了航海业和交通运输业,发展了商业和贸易,使西方人穿上了东方的丝绸。但是,罗盘针发明后几百年,才发明了无线电通信。人类在生活方面所得的好处,例如在衣、食、住、行方面的改善,也是以不均衡的跳跃方式实现。直到近一百年来,人们才在生活方面享受到无线电通信的发明所带来的好处。由于无线电技术的发展,近几十年来,人们不用出家门,就可以通过电视、收音机、高级音响设备等享受优美的文化生活,使生活增添异彩。

　　科学对人类生活所起的改善作用,几乎不必多费口舌就可以为每个人所认识。但是,人们往往过多地看到科学在改善人类的物质生活方面的作用,而很少看到科学在改善组织生活和精神生活方面所起的作用。

　　罗素指出,科学的发展大大提高了人的组织能力,也改变了人的组织生活方式。例如,自从发明大机器以来,人类在生产和社会生活中,组织水平大大提高,人们的组织性也增强了。大机器要求几十个、几百个,甚至成千上万的人,一同协调地劳动和生活,这就迫使人们在生产和社会生活中进一步组织化,以往的单个生产和生活的方式被打破了。例如,一个大机器生产中心的建立,不仅要求有组织地进行生产,也要求有组织地生活。一个工人、职员、经理,要每天准时上工和上班,也要准时放工和下班。家庭生活在很大程度上要受到这种有组织的生活的制约。人类居住的地点也要受到科学发展的影响。随着生活方式的变化,所谓"纪律性"的因素越来越多地闯入人们的生活领域。罗素说:"科学的发展,越来越抹杀人的价值及独立精神。现代的大企业,都是以集合群众为基础。工业时代社会干涉个人的自由,比较商业及农业时代更加厉害些。机械虽然使人群克服了自然,然而个人也因群众的集体活动而消失了。……群众的万能和个人的单弱,是科学文明的结果。这种结果对于宗教、道德、美感的价值,都发生深远的影响。罗马帝国时的属民,都以为个人的灵魂有永恒的价值,以安慰自己,因为当时的平民在政治上并无地位,于是不得不在来生中寻求补偿……在现代机器昌盛的时代,由于民主与科学的发展,一般人民就可以从别的方面寻求补偿……"④在这里,罗素虽然没有把问题讲透,但他对这个问题的探讨,给我们很大的启示。

　　这就是说,科学的发展对人类社会的影响是很深远,很广泛的。我们不能单纯地看到那些看得见的、有形的和物质的方面,还要看到无形的、精神方面的影响,而这后一方面的影响,有时要经历很多年以后才看得出来。

比如上面罗素提到的科学对宗教、道德和美感方面的影响,就是需要进行长期的、细心的观察和分析,才能看得出来。罗素在《人类的前程》一书中叙述了自古以来科学对人类文化生活、道德生活、宗教生活的影响。他说,最明显的是文艺复兴时代的科学与宗教的直接冲突。在中世纪,人类受生产和科学水平的限制,对自然界和社会有很强烈的恐惧感。恐惧是宗教科学的基础,也是各种落后的道德和恐怖文学的基础。罗素说:"科学的成功,可以除去上述种种恐怖。"他说,由于科学的发展,目前的人类恐怖心理的根源,已从宗教领域转移到政治领域。虽然科学并没有消除人类的恐怖心理,但可以肯定地说,它改变了人们的精神和心理状态,也改变了人们的文化生活和道德面貌。

科学为进一步发展文化提供了越来越方便的条件。科学发明出来的电气试验设备,显微镜、电子计算机等,把人类的观察宇宙的能力大大地提高了一步。许多宇宙的奥秘,不论在微观世界或是在客观世界,都被一步一步地揭开了。对世界的认识的深化,又推动了科学发展本身。例如,对原子构造的深入认识,使人类创立了量子力学和相对论。在这个意义上,可以这样说,科学推动了科学本身的发展。

罗素说,科学促进了教育、艺术的发展,也使文化的结构发生变化。在文化生活中,许多过去从没有过的新领域、新内容、新方法,正被科学的发展所开辟。罗素说,连政府的文化政策也受科学的发展而发生变化。现在,由于科学的发展,各国政府在历史上第一次有了可能用先进的科学手段领导、监督全社会的多元化文化。例如,电气的发展,使通信设备更加精确、完备和迅速。这样一来,政府有可能对社会各个角落的多种多样的文化实行领导。政府还可以利用电视网进行电视化教育,提高人民的文化水平。

罗素进一步说,现代科学的发展,打破了以往许多不合理的传统观念,使人们从传统观念的束缚下解放出来。罗素在哥伦比亚大学的讲座——"科学对社会的影响"——列举了大量事实说明科学对传统观念的打击。他说,"从 17 世纪开始,科学使传统的信仰逐渐衰落。"他总结了 17 世纪和 18 世纪科学观的特点,他把这些特点归纳为三个方面:"第一,对于事实的陈述,必须以观察为根据,而不是以无根据的权威为基础;第二,整个无机世界是一个本身有规律的体系。它的一切变化都是依据自然规律;第三,地球并非宇宙的中心,而且,人也许不是宇宙的目的(如果宇宙有目的的话);因此,'目的'这个概念,在科学上是毫无用处的。"罗素说,这些科学观直接摧毁了教会的"传统观念"。科学的胜利,从根本上扭转了人们的观念和对整个宇宙、整个社会的看法。

科学也改变了人们的思想方法。思想方法实际上是人的世界观的一个重要组成部分,思想方法的转变往往可以整个地改变人们的思想境界。罗素正确地指出,"我们对于某些问题所进行的科学的研究,并不是哲学。但是,哲学的思考,其根源之一却是科学。一般说来,当我们研究什么是科学的时候,我们便在处理一个哲学的问题。对于科学方法的标准加以研究,就是哲学的一种研究。"⑤罗素说,工业革命的结果,在美国直接产生了詹姆斯和杜威(John Dewey,1859—1952)等人的"实用主义"。他说,"灵巧的美国人,以詹姆斯与杜威为领袖,创立了一种新的思想方法,而把旧的传统思想,一齐抛到欧洲去。这种新的方法,即知识实用化,就是工业和应用科学影响的结果。""根据这种哲学,人类的命运主要掌握在自己的手中,而不是受制于自然或先天的命运。"⑥本来,科学本身就是在正确的思想方法指导下取得的,所以,科学的胜利,同时,也就是指导着它的那种思想方法的胜利。比如在 16 世纪和 17 世纪,英国的培根(Francis Bacon,1561—1626)系统地提出了一种实验的方法,它就是指导着近代科学获得发展的思想方法,而科学的一系列胜利又发展了近代的"实验方法",使它成为人们普遍接受的一种先进的思想方法。科学的发展,进一步打开了人们的眼界,有时,直接或间接地为人们创立新的思想方法提供有益的启示。在 20 世纪初形成的逻辑实证主义(Logical Positivism),是在前十几年数学、自然科学和逻辑学方面的重大成就的基础上建立起来的。

罗素并不认为科学是"万能"的。科学给人们带来了利益,但同时也给社会造成了危害。罗素在分析科学的积极作用的同时,也冷静地分析了它的消极作用。

首先,罗素认为,"诚然,科学技术可以增进生产能力。可是,生产能力增进的结果,使得经济利益成为争夺之诱惑物。……近代有许多冲突,是起于大规模生产所形成的经济利益之诱惑。不但如此,这种大规模生产的技术使现代战争远较古代战争激烈和普遍。因而人民所受之祸乱,也较古代战争为烈。"所以,罗素说:"工业革命使得英国和美国发生不可言状的苦难。"

科学的发展使生产更集中在少数人手中,成为实现自己占据的冲动的手段。科学把成千上万的人投入大机器的生产中,把人变为机器的附属品,成为机器的奴隶。生产越发展,富人手中剥削穷人的手段越强大。罗素无疑是同情穷人的命运的。所以,他对科学发展所带来的危害,感到极大的遗憾。他呼吁科学家保卫自己的科学成果,使它们不致落入战争贩子、独裁者的手中。

罗素还揭露了科学和生产的发展对自然资源的毁坏作用和污染作用。他认为,如果人类不正视这个问题,并采取措施来防止和改进,就要毁灭自然和人类本身。

科学的发展也在一定程度上为独裁政体的产生创造条件。罗素说,现代通信技术的发展,使政府统治能力大大加强。一个专制政体凭着先进的通信设备,将人民严密地控制起来。罗素说,"电气在用作动力以前,已经用作通信工具。这造成了两种结果。第一,通信比人行快;第二,在一个大的组织中,中央机构能控制更多更烦琐的事务。这在从前是办不到的。通信比人行更快,对于警察最为有用。……不幸得很,警察所要抓捕的人常常是对人类有益的那些人。"罗素激烈地抨击了专制政体。他认为,现代的专制政体,如希特勒和苏俄政府都利用现代科学成果加强自己的专制统治。

罗素指出,不仅自然科学的发展被独裁者利用,而且,也被用作战争工具和杀人武器。他说,科学像一把双刃剑,掌握在坏人和战争贩子手里,就成为杀人武器。20世纪50年代后,核科学的成果首先就应用到战争中,制成了各式各样杀伤力很强的核武器。罗素对此深为忧虑。所以,在20世纪50年代后,一直到他死为止,他的活动的主要内容是防止核战争,反对将核科学的研究成果用于战争目的。

罗素认为,除了物理科学外,生理学和心理学也被用作独裁统治的工具。他说:"我想,在政治上,最重要的一门科学,是群众心理学。从科学的观点看来,群众心理学并不是一门很进步的科学。直到现在为止,群众心理学的教授不在大学中。他们大多数是广告师、政客,尤其是独裁者。群众心理学的研究,对于讲实际的人和追求金钱或权力的人来说,是非常重要的。因为无论他们是希望致富还是希望获得政权,都需要精通群众心理。……现代出现的各种科学的宣传手段,进一步提高了群众心理学的重要地位。……过去,人们错误地以为,既然书本上说'人是一种理性动物',那么,用各种推理、证明手段,就可以达到说服人的目的。但是,我们现在知道,弧光灯和管乐队,比任何漂亮的三段论还更能说服人。……在政治独裁者统治下的科学家可以把这种工作做到很完美的地步。阿纳克萨戈拉(Anaxagoras,500—428BC)曾说雪是黑的,当时没有人相信,但是,未来的社会心理学家将可以各种方法,使一群学生坚信雪是黑的这句话。"因为他们有科学化的宣传工具帮助他们。

另外,罗素还说,"科学技术使组织的程度增高。组织程度增高的不可避免的结果,就是官吏权力的加大。这种事态的结果,就是官吏不负责任的事情增多,而且,像从前皇帝身边的宦官和王后那样在幕后操纵一切的现象也会增多。"

罗素在探索科学的消极影响时,并没有看到这些消极影响有更深刻的社会根源。实际上,他所说的科学的"消极影响",严格说来,并不是科学本身产生的,而是科学所处的那个社会制度和历史环境所决定的。对于这一点,罗素分析得不够。

罗素对于科学的未来前途甚为关心。他认为,人类的前途在很大程度上取决于科学的未来。罗素早在 20 世纪 20 年代就预见了科学的未来。他在 1924 年写的《伊卡洛斯:科学的未来》一书中说,现代社会固然取得了一项又一项的科学成就,但它能否持续不断地发展下去呢?科学的发展是不是能像上登山的道路一样,虽然蜿蜒曲折、高低不平,但总是向上发展呢?

罗素说,在古代希腊,有过这么一段时期,人类的科学文化发展到极其繁盛的程度,在那时,人们一点也没有想到,这些伟大的科学与文化会中断下来。但后来的事实证明,希腊的科学与文化并不能经久地保持下来,其中只有一部分传入罗马帝国,并为天主教会所吸收,成为欧洲中世纪的文化。但原有的成分却明显地稀薄了。在中世纪一千多年的历史中,欧洲并没有出现能与古希腊相比美的灿烂文化与先进的科学,相反,古希腊的科学与文化中的一部分,即使传下来了,也有相当大的部分被天主教会所糟蹋。在人类历史上,出现了多次类似事件,证明人类的科学与文化,并不总是向上发展,也并不总是能流传下来,永远造福于人类。有时候,甚至出现这样的悲剧,人类科学与文化所创造的成果,反而成了人类自我残杀、自我毁灭的工具。现代科学会不会造成同样的命运呢?

罗素在回答这个问题时,显然有比较大的片面性。一方面,他带上了某种程度的悲观主义,夸大了现代科学的消极影响。他在回顾历史的时候,只看到古代历史的局限性一面,看不到现代社会已造成了远比古代强大得多的生产能力和科学能力,可以防止古代社会那种因人类能力不够而不免要产生的悲惨结局;另一方面,罗素在观察科学的未来这个问题时,也犯了他以前考察其他社会问题时所常犯的通病,那就是他总是孤立地看问题,不把具体的社会问题同整个社会相联系,不从那些决定着社会命运的社会生产、社会制度和社会意识形态的总的状况出发。所以,他不免犯了就事论事的毛病。在科学问题上,他考察科学的未来命运时,也只着重考察科学的本身所存在的问题。

罗素认为,科学的未来,在很大程度上,受科学本身所遵循的方法和科学结构的不完备性的局限。同时,现代科学日益成为占据的冲动的工具,在破坏社会利益方面越来越产生巨大的消极效果。具体说来,他强调了如下三点:

第一,现代科学只是减少了人类对自然界的恐怖,但却增加了人类之间的恐怖。这是科学使用方向上的重大欠缺。从这个实际效果来看,科学似乎只是在应用于自然时对人类有益,而当它被应用于人类社会本身时却害处大于益处。

　　比如,罗素说,在英王乔治三世时被视为亵渎圣灵的避雷针,消除了人类对雷电的恐怖,但人类同时也发明了许多新的破坏能力,与自然界在过去所带来的威胁一样严重。例如,原子能的发明,一方面使人有了更大的抗拒自然威胁的能力,另一方面也发明了氢弹。氢弹完全是用来对付人类社会本身,而不是用来对付自然。把原子能用于改造自然的成果与用于破坏人类社会的成果加以比较,似乎后者大于前者。这是一场悲剧,它预示着人类面临着因科学的发展而可能产生的更大的悲剧。罗素还说,科学一方面使社会生活更有机地联系起来,使造反者不易制造叛乱,但另一方面,在科学先进的条件下,如若发生社会动乱,则其祸害将远远超过古代社会的混乱。罗素发现,在科学较为发达的美国,美国人民对于群众及邻人的恐惧,较其他落后的国家严重。所以罗素说:以全体而论,科学使人类逐渐地脱离自然的羁绊,但以个人而论,则人类彼此间相互牵制和相互破坏,比较科学未发达前,反而更增加了。

　　罗素认为,科学应用方向的上述状况,应迅速扭转。科学不应单纯地重视对自然的改造,也应重视对社会的改造和对人的改造。实际上,罗素所说的科学对社会的改造,并不是指科学可以直接地应用于社会,像科学可以直接地应用于自然那样。罗素自己曾说,伦理学不是科学,人的行为只遵循着一种被称为"应该如此"的道德准则,这种道德原则并不能得到科学的证明,而是从一个被社会公认的假设出发的。因此,在人类行为领域中,没有可能建立科学体系。在社会生活中,科学不能被直接用来改造人的行为、思想和精神。既然这样,罗素所说的只是强调科学要造福于人类。这个问题,实际上同科学用于自然的目的并不是没有联系的。在罗素看来,科学不应该用于不道德的目的。今后,要采取各种措施,防止科学成果用于毁灭人的目的。有些科学成果虽然不是直接用于破坏人的幸福生活的目的,但间接地有害于人类生活,这种科学应用也必须遭到禁止。比如,有的科学成果可直接造福人类,像原子能发电那样,但它对人类有间接的害处。因为它具有可能会伤害人的辐射,另外,它也可能污染空气等。对这种科学,要发展其有利效果,抑制并改造其不利效果。

第二,加强研究人性的科学,着重发展生物学、心理学、遗传学等直接与改造人性有关的学科。罗素认为,过去,科学的发展只偏重物理、化学和数学,对于可以直接改造人性的心理学、生理学、遗传学和生物学的研究不够重视。罗素认为,今后科学的发展,应对改造人的体力、智力作出更大的、更显著的贡献。考察现代科学对人类本身的研究,罗素发现有很多问题。他说,现代科学对人类本身的影响,比较多的表现在量的方面,而不是在质的方面。现代科学的发展,使人的身体更健康,延长了人的寿命,增强了人对疾病的抵抗力,缩减了死亡率。这一切使人口增长率比过去有显著的提高。罗素是赞成马尔萨斯(Thomas Robert Malthus, 1766—1834)的人口论的。他们都认为,如果说人类财富是以算术级数递增的话,那么,人口的增长就以几何级数增长。罗素认为,科学的发展反而加强了人口增多给社会带来的压力。罗素建议,科学的发展应着重在改造人的质的方面,使人的智力不断提高,使人的思想更加清晰和敏锐。实际上,人类本身在近几千年中,其智力并没有发展,而是下降了。同人类文明前的克罗马农人(Cor Magnon)相比,我们现代人的智力是大大落后了。克罗马农人有很健壮的体格,他们靠自己的体力可以同野兔和野鹿赛跑,并胜过它们。克罗马农人有极巧妙的艺术才能,他们是真正的艺术大师,他们所描绘的各种美丽的图画至今仍然有令人陶醉的魅力,任何现代的艺术品都会相形见绌。克罗马农人凭借自己的手,建立起许许多多的奇迹。可以设想,如果让一个克罗马农人代替我们今天的任何一个人,让他们充分享用现代科学技术的最新成果,也就一定会胜过牛顿、爱因斯坦(Albert Einstein,1879—1955)和列奥那多·达·芬奇。

事实证明,现代人的大脑比克罗马农人小百分之十五。这些被损害的脑细胞绝大多数又属于大脑皮层,而且大多数是大脑皮层前部和顶部的脑细胞。如果这种退化现象出现在其他生物界,就有可能缓慢地、逐渐地导致整个大脑皮层的退化,因而使人类失去人的基本特性,最后,整个人类也不可避免地要被淘汰。但是,幸运的是,我们人类毕竟同其他动物不一样。就是凭着我们现有的大脑皮层的能力,我们仍然可以无限地认识和改造世界,其中包括认识和改造我们自己。我们有充分的信心做到这一点,如果我们进一步发展科学,并用现代科学的成果来改造和利用大脑的话。

我们所处的生活环境比克罗马农人优越得多。我们的环境充满着能推动大脑皮层发达起来的各种刺激物,具备着应有尽有的推动人的智力获得发展的动力:各种电子信号系统、报纸杂志、无线电收音机、电视机等。所有这些现代化文明工具扩大了我们的眼界,使我们得到了许多知识。既然有如此优越的条件,为什么我们的大脑皮层和我们的智力反而得不到发展呢?

罗素提醒人类注意人的智力不断下降的事实。而这一事实是同科学的畸形发展有关的。罗素说:"大概现代的聪明人,平均看来,传种很少,而所传的种,每不足以保持其固有的数目。如果没有新的原动力鼓励他们传播,恐怕后代的聪明人会日渐稀少。而不足以维持固有的高尚文化。……同时,在最近一百年内,后代的人日益愚笨,这确实是一种令人担忧的现象。"

罗素说:"我们知道希腊的伯里克利(Pericles,c. 495—429BC)时代和罗马奥古斯丁(Augustine of Hippo,354—430)时代的人都比其后一代的人更聪明些。而罗马衰微,实在是知识衰微之故。这种衰微将重现于现代吗?"罗素回答说:"如果生物学有现代自然科学、机械科学那样发达,也许不会重现上述倒退现象。如果这样的话,优生学就可以从积极或消极方面改良每一代人的智力,而不至于像现代这样日益衰落。不幸的是,现代优生学的研究遭到社会各种势力的反对和阻挠。"⑦

由此可见,罗素主张,要加强生物学、生理学、心理学、优生学、遗传学等这些与改善人的智力有密切关系的科学。他认为这是关系到人类前途的大事。

罗素认为:"补救现代文明的畸形发展,不是拆毁科学,而是调整和充实其内容。心理学、生理学、遗传学等将来都可以有许多贡献。不过,各种科学发展的结果,不应该像过去那样使人为机械服务,成为机器的附属品。……机器是为人而造的,人不是为机器而生的。工作的目的,是为了使人类生活得更幸福,使人类得到更多的空间去娱乐和休息。如果作不到这一步,工作就失去意义了。……因此,我盼望西方各国——特别是美国——迟早能建设一个适合人性的、巩固的、真实的科学文明。"⑧

罗素关于调整和充实科学体系上的设想,虽然带有很多的乌托邦的因素,但他的目的,是要使科学的发展有助于提高人的能力,特别是人的智力。而提高人的能力和智力的目的,是使人类社会更加进步,避免重演历史上出现过的科学与文化中断和历史倒退的现象。

第三,罗素对科学的方法也进行了研究,他认为,现代科学研究的方法,尚存在许多矛盾和问题,如不加以克服,会影响科学的未来发展。

罗素说,现代科学方法存在着许多问题。"科学方法的基础是事实,一切无事实根据的推理,都不应接受。但是,现代科学实际上也有许多主观武断的地方,其武断程度甚至不亚于神学。"⑨罗素说,怀特海曾在他的《科学与现代世界》(*Science the Modern World*，1926)一书中揭露过现代科学方法中的主观主义。怀特海说:"各种科学都建筑在归纳法之上，而归纳法又建筑在桑塔亚那(George Santayana，1863—1952)的所谓'信仰'上。归纳法的证据与有神论的证据一样多，但是没有一个能使人绝对相信的。"按照桑塔亚那的理论，一切事物的存在都是不能证明的；他认为一切所谓"存在"都是以"非理性的动物信仰"(irrational animal faith)为基础的。但是桑塔亚那又认为，我们确实有一种叫作"本质"(essences)的真正有普遍性的确实知识。显然，他所说的"本质"是脱离实际的"观念"罢了。桑塔亚那企图把实在论同柏拉图主义结合在一起。然而，在现代科学界中，他的理论也确实被一些科学家所接受。因此，罗素认为，必须使科学研究找到一个正确的指导思想，摆脱像桑塔亚那那样的理论的影响。要求科学家们不要被那些关于脱离实际的所谓"本质"理论所迷惑，而要尊重事实。他说:"如果科学家故意对于理论的健全置之不理，科学虽然也许会有些进步，但他们恐怕会丧失那种无畏精神，而成为所谓正统派思想的辩护士。……埃及的祭司发现了日月食是按期出现的，不过他们这种发现是为迷信的目的而作记录的。所以，迷信也许会使某些人有所发现，但这种发现一旦达到目的，他们也就停止不前了。这样一来，他们就会复归于迷信，而回到黑暗时代。"[10]

　　显然，罗素期望科学研究能找到正确的、有利于发展科学的思想方法。他特别强调，科学的思想方法的基本原则是观测事实，承认事物的客观存在性。他说，"我们所研究的对象之世界，并非我们造的。的确，我们自设了错误和迷妄，常常难以发现我们自己陷入错误中。……但严格说来，错误的产生至少是来自犯错误者本人。因为自然界本身并没有错。……因此，强调不掺杂主观成分，客观地进行研究，以及独立地努力寻求真理,是非常重要的。"⑪

综上所述,罗素极其重视科学在人类发展史上的作用,他希望科学的发展能进一步为人类提供更强大的改造自然和改造社会的武器,最终造福于人类。他说:

> 人类必须了解,今日人类的痛苦乃是由于局限在单纯文明技巧的发达,而不是着重提高整个人类的文化智慧。假如世界想从痛苦与迷惘中解脱出来,那一定需要"清晰的思想"(clear thinking)与"仁慈的精神"(kindly feeling)的协助才能达成。……我相信创造新世界所必需的新智慧终究会为人类所了解。因此,我相信人类历史上最好的时代不是在过去,而是在未来。⑫

这就是罗素研究科学、研究哲学与研究人类社会所得出的主要结论。

注释

① 亚里士多德:《伦理学》(*Ethics*)。
② 罗素:《科学对社会的影响》(*The Impact of Science on Society*)。
③ 罗素:《儿童时代的言论自由》。
④ 罗素:《人类的前程》。
⑤ 罗素:《科学研究与伦理观念》。
⑥ 同④。
⑦ 罗素:《科学的未来》。
⑧ 同⑦。
⑨ 同⑦。
⑩ 同⑦。
⑪ 同⑤。
⑫ 罗素:《我的一生》。

第
6
章

罗素哲学的影响

罗素哲学的影响

第一节　逻辑原子论的影响

罗素以将近一个世纪的时间孜孜不倦地研究哲学,他在现代哲学史上创立了自己的独具风格的哲学体系。正如笔者在本书前言中说的,罗素哲学体系的基本特点,就是始终以寻求确确实实的真理为基本目标。在这个宗旨下,他不断地修正自己的观点,并使它完善化。当他发现自己在追求真理的道路上取得了新的进展的时候,他就毫不犹疑地把新的真理的颗粒添加到他的那个体系中去。如果过去的认识存在错误的话,他宁愿放弃过去的错误,也不牺牲真理。他说:"我一点也不为自己改变了自己的观点而羞愧。在 1900 年活跃的那些物理学家怎么能企图自夸自己的观点不会在 20 世纪上半叶内发生变化呢? 在科学界,当新的知识获得成功以后,人们就改变他们的看法,但在许多人的心目中,哲学反而必须与神学相调和而不是与科学相调和。任何一个神学家都企求永恒的真理。自尼西亚会议以来,基督教教义确实保持着不变。所以,只有在人人都没有知识的时候,你的思想才没有什么可改变的。"①这就说得很清楚,罗素的哲学体系并不是没有一贯性的,而是始终一贯地遵循着真理的原则的。

因此,在罗素认为有可能发现真理的地方和领域,他都要不遗余力地进行探讨。罗素追求真理的精神和他的勤奋,使他的哲学成为范围极广泛的百科全书式的体系。罗素的逻辑原子论体系,乃是由论述语言、知识和世界的本质的哲学理论所构成的庞大复合体。他的著作包括了如此繁多的研究课题,以至任何一个人,都可能很难有那么充分的能力再写出类似的作品。所以,有人说,罗素是"全部哲学的哲学家"(a philosopher of all the philosophies)②,没有任何一个当代的重要哲学论题不为他所思索。

正因为罗素的哲学体系是在追求真理的道路上不断地变化着,他的哲学体系又包含着如此广泛而复杂的哲学论题,所以,罗素的哲学几乎包含了各个哲学流派所考察的各种重要的哲学问题。在这个意义上,当代各个哲学流派所思索的各种重要的哲学问题,无一不是已为罗素所考虑。这就决定了罗素哲学在现代哲学史上的重要地位。他的哲学思想几乎影响着 20 世纪各个重要哲学家的思想。

使罗素的哲学对当代哲学产生广泛影响的另一个重要原因,是罗素本人的怀疑主义的思想方法。他对一切都怀疑。他对一切关系到宇宙、人类命运和人的认识的哲学问题都发生兴趣,并一个一个地提出问题进行挑战。所以,他所提出的问题比他所解决的问题还多、还深刻。他所提出的那些极其深刻的问题,虽然因他个人能力所限而未能全部解决,因而也未能使他的哲学成为无所不包和尽善尽美的哲学体系,但所有的那些问题仍然影响着在他之后的、比他年轻的哲学家们。他所提出的问题给后来的哲学家以深刻的启发,促使他们对他所提出的问题进行探讨。

简单地说,罗素的哲学对 20 世纪哲学的影响,可以归结为以下几点:

(1) 数理逻辑的创立不仅打破了二千多年来传统的亚里士多德逻辑的体系,也开辟了将哲学认识论(Philosophical Epistemology)与逻辑相结合的更广泛的领域,使哲学研究能借助于逻辑的力量向纵深发展。在罗素的直接影响下,他的学生维特根斯坦进一步发展了逻辑原子论。维特根斯坦把经验主义更彻底地贯彻到逻辑原子论,使他成为以石里克(Moritz Schlick,1882—1936)为首的维也纳学派(Vienna School)的逻辑实证论(Logical Positivism)的先驱。如果说罗素试图以逻辑为武器去解决抽象的形而上学问题的话,那么,石里克等人的逻辑实证论就径直否定了那些"形而上学"的命题,并划清了形而上学与科学之间的明确的分界线。在逻辑实证论看来,形而上学的问题是毫无意义的(nonsensical)。逻辑的实际用途是为各种自然科学方法提供论证。在罗素的影响下,从 20 世纪 30 年代起,逻辑实证论的思想方法渗透到哲学界和自然科学界。

(2) 分析的方法被罗素引入哲学以后,自 20 世纪以来,分析哲学成为英国及其他英语国家的主要哲学派别。在 19 世纪末,罗素首先同 G. E. 摩尔一起,在批判以康德和黑格尔为代表的德国古典哲学的基础上,创立和发展了分析哲学。他们认为,哲学的基本功能,不是寻找或获取新的知识(他们认为,这是各门特殊的自然科学学科的任务),而是将人类已经获得的知识加以分类和分析,使之清晰化。自 20 世纪以来,分析哲学的方法被逻辑实证论、语言哲学的哲学家们进一步加以发挥。他们认为,分析的方法之引入哲学领域并使之成为基本的哲学方法以后,可以把"形而上学"驱逐出哲学领域。分析哲学发展的结果就是把哲学的任务仅仅归结为分析语言和概念、词。因为在分析哲学家看来,所谓分析,无非是分析概念及概念所组成的句子。而概念和句子乃是以"词"为原子单位的。所有的概念和事实都在"词"当中找到归宿。这派哲学,首先在英国,美国等英语国家,接着在北欧斯堪的那维亚半岛各国广泛传播。

在罗素的分析精神的启示下,分析哲学在分析语词、语句及其与非语词自身的其他事物的关系的基本问题上,在解析作为真理的基本内容的"意义"的问题上,越来越深入发展。如果说,在经验哲学的传统上,早期的洛克、休谟、穆勒和梅农等人还只是把词语看作"意义"的基本单位的话,那么,是罗素进一步发展了弗雷格的观点,把语句看作意义的基本单位,通过语句的基本形式,分析语词及其在语句中的结构,分析它们同非其自身的其他事物的关系,从而以原子命题为基础,分析了世界上的一切事物,试图发现其中隐含的确定的真理因素。后来,罗素的学生维特根斯坦进一步提出语言游戏的概念,把"意义"的运动场所从语句扩展到语言游戏的世界中,把"意义"放在语言及人的活动交织而成的复杂的整体中去观察和分析。在维特根斯坦看来,语言游戏乃是人的生活形式,"想象一种语言,就意味着想象一种生活形式"(Und eine Sprache vorstellen heisst, sich eine Lebensform vorstellen.)③。人只有在生活中进行着某种语言游戏,掌握了语言的用法,才能确定语句的意义。在维特根斯坦之后,美国的分析哲学家蒯因更进一步把具有整体性的理论和科学体系,看作是意义的基本单位。他说:"具有经验意义的单位是整个科学。"④

罗素所开创的分析哲学,历经一个世纪的发展,极大地影响了整个西方的哲学研究。

(3)罗素的实在论倾向后来极大地影响了英国和美国的新实在论(Neo-Realism)哲学。这一派哲学的主要代表,在英国有布罗德（Charlie Dunbar Broad）等人，在美国有霍尔特（E. B. Holt）和马尔文（W. T. Marvin）等人。霍尔特和马尔文等人在 1910 年联合发表了《六位实在论者第一篇宣言》，接着在 1912 年又合著了一本题为《新实在论》的书。所谓新实在论就是主张：物质的有无与认识无关，也就是说，物的存在与被认识与否，被经验与否，被感觉与否，都是没有关系的（参看本书第二章第四节）。新实在论认为，人心并不是一个最后不可分的东西，也绝不是一种实体，而是可以分析的"实在的存在"（reality being）。人有冲动、欲望、感情等，这些都是心的特性。所以，心和物一样是实在的。人的认识活动，就是一种与生物的反应相类似的"关系"（relation）；既不是像唯心论者说的那样是主观意识或绝对精神所决定的，也不像唯物论者所说的那样是客观世界在主观意识中的反映。人的认识是以实在的"关系"或"形式"为对象的。这些新实在论的观点就是罗素的逻辑原子论或绝对多元论的进一步引申。在 20 世纪最初三十年中，这种新实在论在美国和欧洲颇为流行。

罗素是西方哲学从古典派过渡到现代派的一个转折性人物。他的哲学不论在打破古典哲学方面，还是在创立新的现代派哲学方面，都作出了重大的贡献。

第二节　社会学说的命运

罗素在社会政治学说、道德、宗教和科学观等方面都取得了重大的成就。这些学说和观点，从理论价值来看，虽然不如他的逻辑原子论那样突出，但从实际效果来看，却有相当广泛和相当深远的影响。而且，由于罗素所写的大量通俗读物是以社会政治问题为主题的，再加上这些主题又为广大社会人士所关怀，所以，他的这一部分理论和观点反而比他的逻辑原子论更广泛地为一般群众、特别是青年所熟知。

（1）在社会政治学说方面，罗素继承了自卢梭以来的西方民主主义和自由思想，坚持把个性解放，尊重人权和人格放在第一位，在反对法西斯主义和各种独裁制度中起了某些积极作用。他的社会政治学说在西方世界中有广泛的影响。如前所述，在英国，他的所谓"基尔特社会主义"理想，有一部分已被工党政府付诸实施，变成为政府政策的一部分。目前，国有化的倾向正在西方各国进一步扩大，越来越多的政治家认为，罗素的工业国有化和工业自治的方案可能成为挽救当代经济危机的有力措施之一。

（2）罗素的和平主义和世界政府的思想，在国际政治界、科学界和知识分子当中有广泛的影响。罗素晚年建议创办的"罗素和平基金会"和"国际战犯审判法庭"都会在保卫世界和平事业方面起着良好的作用。他的世界政府的主张也越来越得到政治家和法学家的普遍响应。英国国际法专家道格拉斯（W. O. Douglas，1898—1980）曾写一本专著《走向全球联盟》（*Towards a Global Federalism*）分析罗素的世界政府计划。接着，有更多的人对罗素的世界政府计划感兴趣。李普斯基（M. Lipsky）所写的《再也不要战争——世界政府方案》（Never Again War：The Case for World Goverment），是比较突出的一个。现在，欧洲共同体已经建立，在东南亚、美洲等地，都逐渐出现地域性的政府联盟。这些地域性的政府联盟，都或多或少地留有罗素的世界性政府计划的烙印。

（3）宗教观。罗素的无神论思想在西方各国产生了广泛的影响，特别是在罗素的名声越来越大以后。现在，基督教思想在西方各国正遭遇到日益衰落的命运，越来越多的人以罗素为榜样，远远离开神学和教会。罗素的《我为什么不是基督徒》的书在青年知识分子中广为传播。

（4）伦理学。罗素的伦理学的重要成果就是他的"冲动说"。自从他提出了冲动说以后，越来越多的人从心理学的角度研究伦理学。另外，罗素还主张把心理学的因素同社会学的因素结合起来，以便突破过去的伦理学框框。他认为，伦理学所要研究的中心问题是"人需要什么和如何达到它"（What people desire and how they may attain it）。他的这些观点给当代许多伦理学家很大的启发。

（5）教育学。罗素的自由主义的教育思想给当代主张实行改革的自由派教育家们提供蓝本。在英国和美国，很多改革教育的主张都引用罗素的方案。罗素的教育思想对于打破传统的教育思想起着很大的作用。

（6）罗素的科学观对发展当代科学研究有促进作用。很多著名的科学家，如爱因斯坦等人，都受罗素的影响。目前，罗素关于科学方面的想法仍然被科学家重视。

此外，罗素的社会思想还在文学、艺术等各个文化领域发生较大的影响。当罗素以九十七岁高龄逝世的时候，他的名望早已越出哲学界，而成为全世界各国人民所熟知的思想家和社会活动家。在他逝世以后，全世界许多先进的国家，都继续不断研究罗素的各种理论及其他遗产。对于罗素的深刻思想，不论是支持他的人还是反对他的人，都表示钦佩。人们不得不承认，不仅就生活年限而言，还是就知识渊博而言，罗素都不愧为 20 世纪的首屈一指的哲学家和思想家。有人说，在西方国家中，只有美国的杜威活到九十三岁，接近罗素的长寿年龄，但杜威并没有像罗素那样极其广泛地探索自然界和人类社会的问题。因此，杜威的影响主要是在哲学界、教育界、政治界等，因此远不如罗素。再加上罗素一生写了几千万字的著作，从事极广泛的社会活动，这就使他的思想对 20 世纪的人类生活产生了很大的影响。正如澳大利亚传记作家阿兰·伍德所说,罗素是人类史上罕有而勇敢的精神导师之一,他用他的深刻思想鼓舞着人们,使他们的思想向更深的真理王国迈进。

注释

① 罗素:《关于思想、物质和道德的辞典》(*Dictionary of Mind，Matter and Morals*)。

② 见阿兰·伍德(Alan Wood):《罗素哲学及其发展研究》(*Russell's Philosophy，A study of its Development*)。

③ 参见 L. Wittgenstein，*Philosophische Untersuchungen*，Oxford，1968，p. 8.

④ Willard Van Orman Quine，*From A Logical Point of View*，N. Y. 1953，p. 42.

附录一

罗素生平年表

1872 年　5 月 18 日生于英国南威尔士蒙默思郡（Monmouthshire）的拉
　　　　文斯克罗夫特（Ravenscroft）。

1874 年　罗素的母亲安伯莱夫人死于白喉症。

1876 年　罗素的父亲安伯莱爵士逝世。同哥哥弗兰克一起到祖母家
　　　　里居住。

1883 年　从其兄弗兰克学习欧几里得几何学。

1884 年　开始进行哲学思考，并怀疑宗教。

1890 年　入剑桥大学三一学院。

1894 年　大学毕业。写论文《几何学基础》。任英国驻巴黎大使馆随
　　　　员，与爱丽斯·史密斯结婚。参加费边社活动。

1895 年　访问德国，在柏林大学研究社会主义，回英后向伦敦经济学
　　　　院发表《德国社会民主主义》的报告。任三一学院研究员。

1896 年　与爱丽斯同访美国，在约翰·霍普金斯大学及布利马尔学院
　　　　讲学。

1898 年　在剑桥讲莱布尼兹哲学。与英国哲学家乔治·摩尔共同掀

起批判康德与黑格尔的运动。

1900 年　出席在巴黎举行的国际哲学会议，在会议中，遇到意大利卓越的数学家皮亚诺，法国哲学家亨利·柏格森等人。

1905 年　创立"描述论"，为他的逻辑原子论哲学奠定基础。

1907 年　竞选国会议员，失败。

1908 年　成为英国皇家学会会员。

1910 年　与怀特海合著《数学原论》第一卷出版。在剑桥三一学院讲授数理逻辑。

1911 年　当选伦敦亚里士多德学会会长。

1913 年　在亚里士多德学会讲"数理逻辑在哲学中的重要性"，并在三一学院开设"柏格森哲学讲座"。

1914 年　在牛津大学开设"斯宾塞哲学讲座"。完成《哲学中的科学方法》。在哈佛大学开设"罗威尔讲座"，题目是"我们对外在世界的认识"。开始为反对第一次世界大战开展社会活动并撰写一系列反战小册子。

1915 年　在曼彻斯特哲学会发表《物质的最后结构及其成分》。

1916 年　因反战活动被罚款，被免去三一学院教席。

1918 年　在伦敦发表关于逻辑原子论的八次演讲，承认他的学生维特根斯坦对他的影响。因反战坐牢六个月，并在狱中完成《数理哲学导论》。

1920 年　访苏。会见列宁、高尔基、托洛茨基、加米涅夫等人。

1921 年　与第一位夫人爱丽斯·史密斯离婚，与陶拉·勃莱克结婚。与陶拉共访中国和日本。在中国北京大学讲学。第一个儿子约翰出世。

1922 年　作为工党的国会议员竞选人，再度失败。

1923 年　竞选国会议员，又失败。生女凯蒂。

1924 年　在美国作旅行演讲，在纽约青年联合会讲"如何获得自由和快乐"。

1925 年　在三一学院的泰纳讲座讲"物的分析"。

1927 年　再次赴美讲学。开设毕肯山小学。在巴特西市政厅发表《我为什么不是基督徒》。

1929 年　赴美讲学。在西北大学的"现代思潮讲座"发表《解决世界问题的三个方法》。

1930 年　在纽约辩论"现代婚姻是否失败"。

1931 年　在美国做旅行讲演。兄弗兰克去世，继承爵位成为罗素伯爵三世。

1935 年　与第二任夫人陶拉离婚。

1936 年　在荷兰阿姆斯特丹大学开"格雷伯爵纪念讲座"，讲"宿命论与物理学"。第三次结婚，夫人是海伦·帕特里西亚·斯宾塞。

1937 年　次子康拉德出世。

1938 年　在牛津大学讲授"语言与事实"。到美国定居六年才返国。在芝加哥大学任教。

1939 年　在加利福尼亚大学任教。

1940 年　在哈佛大学开设"威廉·詹姆斯讲座"，题目是"意义与真理探究"。在纽约市立大学引起了一场风波，发生"罗素案件"。

1941 年　在宾夕法尼亚州巴恩斯基金会开设"西方哲学史"讲座。在哥伦比亚广告公司所属电台讲黑格尔历史哲学。

1942 年　继续在哥伦比亚广播公司电台开哲学讲座，讲笛卡尔方法论，斯宾诺莎伦理学。

1943 年　离开巴恩斯基金会。

1944年　返英。第二次成为三一学院的研究员。讲授"非论证性推理"。

1947年　向全国书籍协会发表《论哲学与政治》。

1948年　赴挪威演讲，海上遇难，被救起后在当地大学讲"如何防止战争"。在英国广播公司参加莱斯讲座，讲题是"权威与个人"。

1949年　由英王乔治六世颁发英国最高"荣誉勋章"。在威斯敏斯特学校发表《原子能与欧洲问题》。

1950年　获得诺贝尔文学奖。赴澳讲学。

1951年　应纽约哥伦比亚大学"马特切基金会"之邀，前赴发表《科学对社会的影响》。在英国广播公司发表三大演说："美国对欧洲政治与文化的影响"、"科学方法的本质与来源"、"怀疑主义与容忍"。

1952年　与第三位夫人白翠霞·史本斯离婚。与美国传记作家艾迪思·芬琪结婚。

1955年　因保卫和平活动获"银梨奖"。与爱因斯坦等人联合发出反对使用核武器的声明。

1957年　获联合国教科文组织的卡林加奖金。发起和组织布格华许和平会议。

1958年　成为"核裁军运动"的主席。

1959年　出版《常识与核战争》《我的哲学发展》。

1960年　获得丹麦的索宁奖金。创立"百人委员会"。

1961年　因反对核武器被捕，被监禁七天。

1963年　成立罗素和平基金会。

1966年　向美国士兵发出结束越南战争的呼吁书。成立国际战犯审判法庭。

1967年　出版《越南战犯》。

1970年　2月2日逝世。享年九十七岁。

罗素主要著作

一、哲学著作

《几何学基础》(*An Essay on the Foundations of Geometry*),1896 年出版。

《莱布尼兹哲学述评》(*A Critical Exposition of the Philosophy of Leibniz*), 1900 年出版。

《数学原理》(*The Principle of Mathematics*),1903 年出版。

《论指谓》(*On Denoting*)。

《以类的理论为基础的数理逻辑》(*Mathematical Logic as Based on the Theory of Types*),1908 年出版。

《数学原论》(与怀特海合著,共三卷)(*Principia Mathematica*. Vol. Ⅰ-Ⅲ),1910 年至 1913 年出齐。

《哲学论文集》(*Philosophical Essays*),1910 年出版。

《认识到的知识和描述获致的知识》(*Knowledge by Acquaintance and Knowledge by Description*),1911 年出版。

《哲学问题》(*The Problems of Philosophy*),1912 年出版。

《我们对外在世界的认识》(*Our Knowledge of the External World*)，
　　1914 年出版。

《哲学中的科学方法》(*Scientific Method in Philosophy*)，1914 年
　　出版。

《柏格森哲学》(*The Philosophy of Bergson*)，1914 年出版。

《论认识的本质》(*On the Nature of Acquaintance*)，1914 年出版。

《感觉材料对物理现象的关系》(*The Relation Sense-Data to Physics*)，
　　1914 年出版。

《物质的终极构成因素》(*The Ultimate Constituents of Matter*)，1915
　　年出版。

《神秘主义与逻辑》(*Mysticism and Logic*)，1917 年出版。

《逻辑原子论的哲学》(*The Philosophy of Logical Atomism*)，1918 年
　　出版。

《数理哲学导论》(*Introduction to Mathematical Philosophy*)，1919 年
　　出版。

《论命题——其本质及其意义》(*On Propositions: What They Are and
　　How They Mean*)，1919 年出版。

《心之分析》(*The Analysis of Mind*)，1921 年出版。

《逻辑原子论》(*Logical Atomism*)，1924 年出版。

《数学原论》第二版(*Principia Mathematica. Second Edition*)，1925 年
　　出版。

《物之分析》(*The Analysis of Matter*)，1927 年出版。

《哲学纲要》(*An Outline of Philosophy*)，1927 年出版。

《怀疑论集》(*Sceptical Essays*)，1928 年出版。

《意义与真理探究》(*An Enquiry into Meaning and Truth*)，1940 年

出版。

《西方哲学史》(*A History of Western Philosophy*),1945 年出版。

《人类认识的范围及其限度》(*Human Knowledge: Its Scope and Limits*),1948 年出版。

《非通俗论文集》(*Unpopular Essays*),1950 年出版。

《思想、物质与道德辞典》(*The Dictionary of Mind，Matter and Moral*),1952 年出版。

《逻辑与认识》(*Logic and Knowledge Essays，1901—1950*),1956 年出版。

《怀疑的意志》(*The Will to Doubt*),1958 年出版。

《我的哲学发展》(*My Philosophical Development*),1959 年出版。

《西方的智慧》(*Wisdom of the West*),1959 年出版。

《事实与虚构》(*Fact and Fiction*),1961 年出版。

二、社会政治著作

《德国社会民主主义》(*German Social Democracy*),1896 年出版。

《战争是恐怖的起源》(*War the Offspring of Fear*),1915 年出版。

《社会重建原理》(*Principles of Social Reconstruction*),1916 年出版。

《政治理想》(*Political Ideals*),1917 年出版。

《自由之路》(*Roads to Freedom*),1918 年出版。

《布尔什维克的实践与理论》(*The Practice and Theory of Bolshevism*),1920 年出版。

《中国问题》(*The Problem of China*),1922 年出版。

《自由思想与官方宣传》(*Free Thought and Offical Propaganda*),1922 年出版。

《工业文明的前途》(*The Prospects of Industrial Civilization*),1923 年
　　出版。

《布尔什维克与西方》(*Bolshevism and the West*),1924 年出版。

《科学的未来》(*The Future of Science*),1924 年出版。

《怎样达到自由与快乐》(*How to Free and Happy*),1924 年出版。

《我的信仰》(*What I Believe*),1925 年出版。

《论教育,特别是幼儿教育》(*On Education, Especially in Early
　　Childhood*),1926 年出版。

《为什么我不是一个基督徒》(*Why I am not a Christian?*),1927 年
　　出版。

《婚姻与道德》(*Marriage and Morals*),1929 出版。

《幸福之路》(*The Conquest of Happiness*),1930 年出版。

《宗教对文化有贡献吗?》(*Has Religion Made Useful Contributions to
　　Civilization?*),1930 年出版。

《科学观》(*Scientific Outlook*),1931 年出版。

《教育与社会秩序》(*Education and Social Order*),1932 年出版。

《自由与组织》(*Freedom and Organization, 1814—1914*),1934 年
　　出版。

《宗教与科学》(*Religion and Science*),1935 年出版。

《和平之路》(*Which Way to Peace*),1936 年出版。

《权力———种新的社会分析》(*Power: A New Social Analysis*),1938
　　年出版。

《权威与个人》(*Authority and Individual*),1949 年出版。

《科学对社会的影响》(*The Impact of Science on Society*),1951 年
　　出版。

《世界的新希望》(*New Hopes for a Changing World*),1952 年出版。

《美国对欧洲文化的影响》(*The Impact of America on European Culture*),1952 年出版。

《从伦理学与政治观点看人类社会》(*Human Society in Ethics and Politics*),1954 年出版。

《常识与核战争》(*Common Sense and Nuclear Warfare*),1959 年出版。

《人类有前途吗?》(*Has Man a Future?*),1961 年出版。

《越南战犯》(*War Crimes in Vietnam*),1967 年出版。

三、其他著作

《原子论入门》(*The ABC of Atoms*),1923 年出版。

《相对论入门》(*The ABC of Relativity*),1925 年出版。

《安伯莱文献》(*The Amberley Papers*),1937 年出版。

《回忆集》(*Portraits from Memory*),1956 年出版。

《郊区的撒旦》(*Satan in Suburbs and other Stories*),1953 年出版。

《自传》(*The Autobiography of Bertrand Russell*),三卷本分别出版于 1967 年、1968 年和 1969 年。

《罗素短论集》(*The Russell's Best*),1957 年出版。

《罗素主要著作选集》(*Basic Writings of Bertrand Russell*,Edited By L. E. Denonn and Robert E. Egner)。

附录三
论述罗素的主要参考书

Anellis，Irving H. *Bertrand Russell's Theory of Numbers*. 1896 - 1898. 1989.

Austin，J. L. *The Foundations of Arithmetic*. Oxford：Basil Blackwell，1950. Tr. of G. Frege，*Die Grundlagen der Arithmetik：Eine logisch mathematische Untersuchung über den Begriff der Zahl*. Breslau：Verlag von Wilhelm Koebner，1884.

——. *Sense and Sensibilia*，reconstructed from manuscript notes by G. J. Warnock. Oxford：Oxford Univ. Pr. ，1962.

Ayer，A. J. "On the Scope of Empirical Knowledge：A Rejoinder to Bertrand Russell."*Erkenntnis* 7(1938)：267 - 74.

—— . *The Origins of American Pragmatism*. San Francisco：Freeman，Cooper & Co. ，1968.

——. *Russell and Moore：The Analytical Heritage*. Cambridge，Mass. ：Harvard Univ. Pr. ，1971.

Ayer，A. J. ，W. C. Kneale，G. A. Paul，D. F. Pears，P. F.

Strawson, G. J. Warnock, and R. A. Wollheim. *The Revolution in Philosophy*. New York: The Macmillan Co. ,1965.

Ayer, A. J. and Others. *The Tenability of Russell's Early Philosophy*. 1989.

Bergmann, Gustav. *Logic and Reality*. Madison: The Univ. of Wisconsin Pr. , 1964.

Bertrand Russell Archives. McMaster University. Hamilton, Ontario, Canada. Letters from F. H. Bradley, Harold H. Joachim, Alexius Meinong, F. C. S. Schiller, and A. N. Whitehead to Bertrand Russell. Copies of Bertrand Russell's letters to F. H. Bradley, and Harold H. Joachim from Merton College. Copies of Bertrand Russell's letters to Ottoline Morrell from Harry Ransom Humanities Research Center, University of Texas. Letters of Ottoline Morrell to Bertrand Russell. Letters to and from Alys Russell. Also Bertrand Russell's diary.

Blackburn, S. , and A. Code. "The Power of Russell's Criticism of Frege,'On Denoting', pp. 48 – 50. "*Analysis 38* (1978): 65 – 77.

Blackwell, Kenneth. "Wittgenstein's Impact on Russell's Theory of Belief. " Master's thesis, McMaster Univ. , 1974.

Blackwell, Kenneth, and Elizabeth Ramsden Eames. " Russell's Unpublished Book on Theory of Knowledge. " *Russell: Journal of the Bertrand Russell Archives 19*(1975): 3 – 18.

Blackwell, Kenneth. " The Early Wittgenstein and the Middle Russell". In I. Block, ed. , *Perspectives on the Philosophy of Wittgenstein*. Oxford: Black well, 1981.

Blackwell, Kenneth. "'Perhaps You Will Think Me Fussy...': Three Myths in Editing *Russell's Collected Papers*". In H. J. Jackson, ed. , *Editing Polymaths: Erasmus to Russell*. Toronto: Committee for the Conference on Editorial Problems, 1983.

Blackwell, Kenneth. "A Secondary Bibliography of Russell's 'The Essence of Religion'". *Russell*, n. s. 1(1981 – 82), pp. 143 – 6.

Blackwell, Kenneth. *The Spinozistic Ethics of Bertrand Russell*. London 1985.

Bradie, Michael. *Russell's Scientific Realism*. 1989.

Bradley, F. H. *Appearance and Reality*. Oxford: Clarendon Pr. , 1893.

——. *Essays on Truth and Reality*. Oxford: Clarendon Pr. ,1914.

——. "On Appearance, Error, and Contradiction. " *Mind*, n. s. 19 (1910): 154 – 85.

——. "Reply to Mr. Russell's Explanations" *Mind* (1911): 74 – 76.

——. *The Principles of Logic*. 2 vols. Oxford: Oxford Univ. Pr. , 1883.

Brink, Andrew. "Bertrand Russell's *The Pilgrimage of Life* and Mourning". *Journal of Psychohistory*, 10 (winter 1983), pp. 311 – 31.

Brink, Andrew, Bertrand Russell: The Psychobiography of A Moralist. 1989.

Carnap, Rudolf. "Empiricism, Semantics, and Ontology. " *Revue Internationale de Philosophie* 4, no. 11(1950): 20 – 40.

——. "Intellectual Biography. " In *The Philosophy of Rudolf*

Carnap. Vol. 10, The Library of Living Philosophers, ed. Paul Arthur Schilpp. Chicago: Open Court Publishing Co. ,1963.

Cassin, Chrystin E. "Russell's Discussion of Meaning and Denotation: A Re-examination. " In *Essays on Bertrand Russell*, ed. E. D. Klemke. Urbana, IL: Univ. of Illinois Pr. ,1970.

Clarke, Peter. "Bertrand Russell and the Dimensions of Victorian Liberalism". *Russell*, n. s. 4 (summer 1984), pp. 207 – 21.

Crawshay Williams, *Rupert. Russell Remembered*.

Croall, Jonathan. *Neill of Sommerhill. The Permanent Rebel*. 1983.

Datta, Kridipa. *Russell's Notion of Existence*. 1989.

Dau, Paulo. *Russell's Theory of Denoting and Quantification*. 1989.

Davidson, Donald. "Causal Relations" in *Journal of Philosophy* 64(1967).

Duran, Jane. *Russell on Name*. 1988.

Eames, Elizabeth R. *Bertrand Russell's Theory of Knowledge*. 1969.

Russell's Study of Meinong. in Russell: *Journal of The Bertrand Russell Archives* 4 1972.

Bertrand Russell's Dialogue With His Contemporaries. 1989.

Feinberg, Walter. *Understanding Education, Toward a Reconstruction of Educational Inquiry*. London: Cambridge University Press, 1983.

Green, Joe L. "Dewey, Russell, and the Integration of the Social. " *Educational Theory 29* (Fall 1979): 285 – 96.

Griffin, Nicholas. "Russell's ' Horrible Travesty of Meinong. '" *Russell: Journal of the Bertrand Russell Archives* 25 – 28(1977): 39 – 51.

——. "Russell's Multiple Relation Theory of Judgment. " Foundations of Logic Conference. Univ. of Waterloo, April 1982.

Griffin, Nicholas. "Bertrand Russell's Crisis of Faith". *Russell*, n. s. 4 (summer 1984), pp. 101 – 22.

Harley, David. "Beacon Hill and the Constructive Uses of Freedom. " Ph. D. diss. , University of Toronto, 1980.

——. "Beacon Hill School. " *Russell* 35 – 36 (Autumn—Winter 1979 – 1980): 5 – 16.

Hendley, B. P. Dewey, Russell, Whitehead. *Philosophers as Educators*. 1986.

Hochberg, Herbert. " Russell's Attack on Frege's Theory of Meaning. "*Philosophica* 18(1971): 9 – 34.

Hughes, John. *Philosophy and Style: Wittgenstein and Russell*. 1990.

Jager, Ronald. *The Development of Bertrand Russell's Philosophy*. London: George Allen & Unwin, Ltd. , 1972.

Judson, Lindsay. *Russell On Memory*. 1989.

Kilmister, C. W. Russell. *Philosophers in context*. The Harvester Press 1984.

Lackey, Douglas. " Russell's 1913 Map of the Mind. " In *The Foundation of Analytical Philosophy*. Vol. 6, Midwest Studies in Philosophy, ed. Peter Finch, et al. Minneapolis: Univ. of Minnesota Pr. , 1981.

Lenz, John R. *Russell and The Greeks*. 1989.

Linsky, Leonard. *Terms and Propositions in Russell's Principles of*

Mathemathics. 1989.

McDermott, Michael. *A Russellian Account of Belief Sentences*. 1989.

Moore, Gregory H. *The Roots of Russell's Paradox*. 1989.

Park, Joe. *Bertrand Russell on Education*. London: George Allen & Unwin Ltd. , 1964.

Pears, David. "Russell's Theory of Desire". In his *Questions in the Philosophy of Mind*. London: Duckworth, 1975.

Also in Thomas and Blackwell, eds. , *Russell in Review*.

Pears, D. F. "The Relation Between Wittgenstein's Picture Theory of Propositions and Russell's Theories of Judgment. "

Philosophical Review 86 (April 1977): 177 - 96.

Pendlebury, Michael. *Russellian Thoughts*. 1989.

Pitt, Jack. " Russell on Religion ". *International Journal for Philosophy of Religion*, 6(1975), pp. 40 - 53.

Quine, WVO. *Logical Correspondence With Russell*. 1989.

Rempel, R. A. "From Imperialism to Free Trade: Couturat, Halévy and the Development of Russell's First Crusade". *Journal of the History of Ideas*, 40 (July—Sept. 1979), pp. 423 - 43.

Rescher, Nicholas, "Russell and Modal Logic". In Roberts, ed. , *Bertrand Russell Memorial Volume*.

Roberts, George W. , ed. *Bertrand Russell Memorial Volume*. London: Allen and Unwin, 1979.

Rodriguez Consuergra, Francisco A. *Russell's Theory of Typees*. 1901 - 1910. Its Complex Origins In The Unpublished Manuscripts.

1989.

Ross, Michael L. "Lawrence's Letters". *Russelly*, n. s. 3(1983),pp. 54 - 65.

Ruja, Harry. "Russell on the Meaning of 'Good'". *Russell*, n. s. 4 (summer 1984), pp. 137 - 56.

Russell, Dora. "Art and Education." In *The Practice and Theory of Bolshevism*, by Bertrand Russell, 45 - 71. London: George Allen & Unwin, 1920.

——. "Beacon Hill." In *The Modern Schools Handbook*, edited by Trevor Blewit, 29 - 42. London: Victor Gollancz, 1934.

——. *Children: Why Do We Have Them?* New York: Harper & Brothers, 1933.

——. *In Defense of Children.* London: Hamish Hamilton, 1932.

——. *The Dora Russell Reader.* London: Routledge & Kegan Paul, 1983.

——. *Hypatia, Or Woman and Knowledge.* London: Kegan Paul, Trench, Trubner & Co. , 1925.

——. *The Prospects of Industrial Civilization.* In collaboration with Bertrand Russell. 1923. 2d. ed. London: Allen & Unwin, 1959.

——. *The Religion of the Machine Age.* London: Routledge & Kegan Paul, 1983.

——. *The Right to be Happy.* New York: Harper & Brothers,1927.

——. "Shaw-A Personal Impression." *Civil Liberty* 10 (Winter 1950).

——. *The Tamarisk Tree, My Quest For Liberty and Love.* London:

Elek/Pemberton, 1975.

——. *The Tamarisk Tree* 2. London: Virago, 1980.

——. *Thinking in Front of Yourself and Other Plays*. London: Janus Press, 1934.

——. "What Beacon Hill School Stood For." *Anarchy* 7 (January 1967): 11 - 16.

Sams, Richard. "Bertrand Russell's Spiritual Development and the Victorian Crisis of Faith, 1888 - 1914." Unpublished M. A. thesis, McMaster University, 1980.

Savage C. Wade/Anderson C. *Rereading Russell*. 1990.

Schilpp, Paul Arthur, ed. "Intellectual Biography." *The Philosophy of Rudolf Carnap*. Vol. 10, The Library of Living Philosophers. Chicago: Open Court Publ. Co. , 1963.

——. *The Philosophy of Alfred North Whitehead*. Vol. 3, The Library of Living Philosophers. Evanston and Chicago: Northwestern Univ. , 1941.

——. *The Philosophy of Bertrand Russell*. Vol 5, The Library of Living Philosophers. Evanston and Chicago: Northwestern Univ. , 1944.

——. *The Philosophy of G. E. Moore*. Vol. 4, The Library of Living Philosophers. Evanston and Chicago: Northwestern Univ. , 1942.

Schoenman R. Bertrand Russell. *Philosopher of the Century*.

Searle, John R. "Russell's Objections to Frege's Theory of Sense and Reference." *Analysis* 18 (1957 - 58) : 137 - 43. Repr. in *Essays on Frege*, ed. E. D. Klemke. 337 - 45. Urbana: Univ. of Illinois Pr. ,

1968.

Slater, John G. "The Philosopher's Duty in These Times". *Russell*, nos. 35 – 36 (autumn-winter 1979 – 80), pp. 55 – 7. Review of Russell, "The Duty of a Philosopher in This Age."

Slater, John G. *Russell's Conception of Philosophy*. 1989.

Smith, Janet Farrell. "Theory of Reference and Existential Presuppositions in Russell and Meinong." Ph. D. diss. , Columbia Univ. , 1975.

Smith, Janet Farrell *Russell's Re-evaluation of Meinong*. 1913 – 1914. 1989.

Tully, Robert. *Russell's Neutral Monism*. 1989.

Turcon, Sheila. "A Quaker Wedding: the Marriage of Bertrand Russell and Alys Pearsall Smith". *Russell*, n. s. 3(winter 1983 – 4), pp. 103 – 28.

Vellacott, Jo. *Bertrand Russell and the Pacifists in the First World War*. Hassocks, Sussex: Harvester Press,1980.

Walting, John. *Bertrand Russell*.

Willis, Kirk. "The Adolescent Russell and the Victorian Crisis of Faith". *Russell*, n. s. 4 (summer 1984).

Wittgenstein, Ludwig. *Letters to C. K. Ogden with Comments on the English Translation of the Tractatus Logico Philosophicus*. Ed. with intro. by G. H. von Wright. Oxford: Basil Blackwell, 1973.

———. *Letters to Russell, Keynes and Moore*, ed. G. H. von Wright. Oxford: Basil Blackwell, 1974.

———. *Notebooks 1914 – 1916*. ed. G. H. Von Wright and G. E. M.

Anscombe. Oxford: Basil Blackwell, 1969.

——. *Philosophical Investigations*, ed. G. E. M. Anscombe and R. Rhees. Tr G. E. M. Anscombe. Oxford: Basil Blackwell, 1953. 2d. ed. , 1958.

——. *Prototractatus*, ed. B. F. McGuinness, T. Nyberg, and G. H. von Wright. Tr. D. F. Pears and B. F. McGuinness. Ithaca, NY: Cornell Univ. Pr. , 1971.

——. *Tractatus Logico-Philosophicus*. London: Routledge & Kegan Paul, 1922.

Wood, Alan. *Bertrand Russell. The Passionate Sceptic*.

Woodhouse, Howard. "On a Suggested Contradiction in Russell's Educational Philosophy. " *Russell* 15 (Autumn 1974): 3 – 14.

——. "The Concept of Growth in Bertrand Russell's Educational Thought. " *Journal of Educational Thought*. 17 (April 1983): 12 – 21.

Young, Michael. *The Elmhirsts of Dartington*. London: Routledge & Kegan Paul, 1982.

Zytaruk, George T. "Lectures on Immortality and Ethics: the Failed D. H. Lawrence -Bertrand Russell Collaboration. " *Russell*, n. s. 3(1983), pp. 7 – 15.

译名索引